Reiner Rhefus

Friedrich Engels im Wuppertal

Auf den Spuren des Denkers, Machers und Revolutionärs im »deutschen Manchester«

Foto: Gerd Neumann

Reiner Rhefus, Jahrgang 1957, ist Mitarbeiter des Engels-Hauses/Museums für Frühindustrialisierung der Stadt Wuppertal. Seit 1996 Stadtführungen insbesondere zur Industrie- und Sozialgeschichte, zur lokalen Arbeiterbewegung, zur Revolution 1848/49 und zu Friedrich Engels. Publikationen zur lokalen Industriegeschichte und zur Geschichte der Arbeiterbewegung (u.a. »Spurensicherung 1920 – Der Arbeiteraufstand gegen den Kapp-Putsch und die damalige Arbeiterbewegung im Bergischen Land« (2000); »›Empor aus Nacht zum Licht‹ – Die Revolution von 1918-19 im Wuppertal, Schauplätze, Ereignisse und Akteure« (2018). Mitkurator der Ausstellungen »Wuppertal ist historischer Boden des Sozialismus – 140 Jahre Sozialdemokratie im Wuppertal« (2003), »Mit uns zieht die neue Zeit ...« zur Geschichte der Konsumgenossenschaft »Vorwärts«, Barmen (2014) und »Friedrich Engels – ein Gespenst geht um in Europa« (2020).

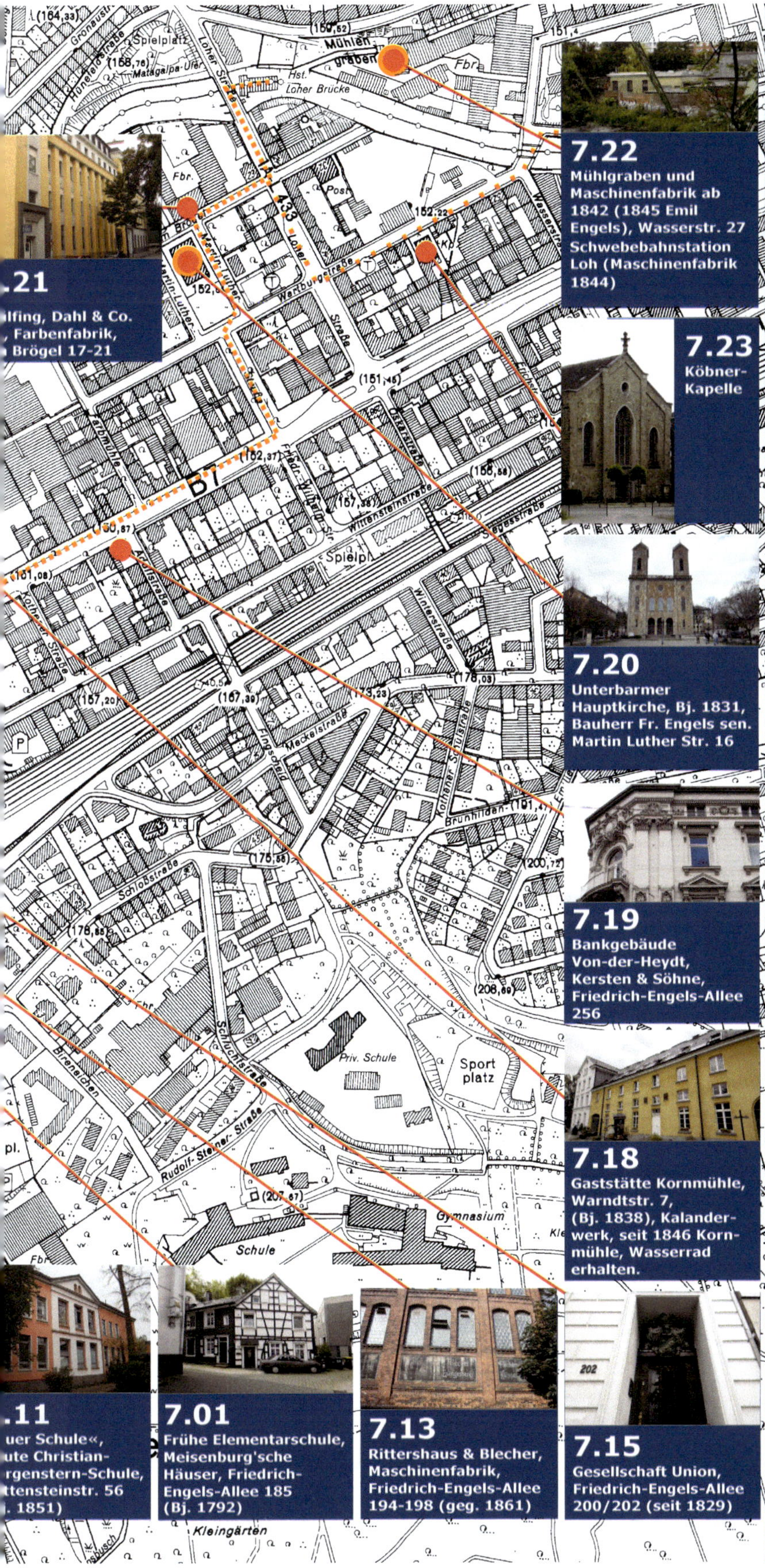

7.22 Mühlgraben und Maschinenfabrik ab 1842 (1845 Emil Engels), Wasserstr. 27 Schwebebahnstation Loh (Maschinenfabrik 1844)

.21 lfing, Dahl & Co. , Farbenfabrik, Brögel 17-21

7.23 Köbner-Kapelle

7.20 Unterbarmer Hauptkirche, Bj. 1831, Bauherr Fr. Engels sen. Martin Luther Str. 16

7.19 Bankgebäude Von-der-Heydt, Kersten & Söhne, Friedrich-Engels-Allee 256

7.18 Gaststätte Kornmühle, Warndtstr. 7, (Bj. 1838), Kalanderwerk, seit 1846 Kornmühle, Wasserrad erhalten.

.11 uer Schule«, ute Christian-rgenstern-Schule, ttensteinstr. 56 . 1851)

7.01 Frühe Elementarschule, Meisenburg'sche Häuser, Friedrich-Engels-Allee 185 (Bj. 1792)

7.13 Rittershaus & Blecher, Maschinenfabrik, Friedrich-Engels-Allee 194-198 (geg. 1861)

7.15 Gesellschaft Union, Friedrich-Engels-Allee 200/202 (seit 1829)

FÄDEN, FARBEN, WASSER, DAMPF – DAS INDUSTRIEZEITALTER IM WUPPERTAL

Informationsblätter zu den einzelnen Stationen sind in der Informationsstelle am Historischen Zentrum, Engelsstraße 10, 42283 Wuppertal, erhältlich.

Redaktion:
Mirco Mankel

Fotos/Layout:
Gerd Neumann, Medienzentrum Wuppertal

Kartographie:
Michael Holler, Stadt Wuppertal

Foto:
Christoph Bünten, Düsseldorf

Industriekulturrouten auf den Spuren von Friedrich Engels und der Arbeiterbewegung im Wuppertal

Im Stadtgebiet von Wuppertal gibt es etwa 4.500 eingetragene Baudenkmale – die Stadt liegt damit an dritter Stelle in Nordrhein-Westfalen. Die meisten dieser historischen Zeugnisse dokumentieren die Geschichte des Industriezeitalters. Vor dem Hintergrund dieser Geschichte lassen sich auch Friedrich Engels und sein Werk besser verstehen. An etwa 350 Stellen informieren Tafeln über die spezielle Geschichte der Orte. Die Tafeln gehören zu insgesamt 13 Themenrouten, zu denen Informationsblätter und Übersichtskarten im Historischen Zentrum (Engelsstraße 10, 42283 Wuppertal), dem »Ankerpunkt Industriekultur« in Wuppertal, erhältlich sind.

Wir haben im vorderen Buchdeckel die Route 7 durch Unterbarmen abgedruckt, wo besonders viele Stationen liegen, die mit Friedrich Engels im Zusammenhang stehen. Hier kann man zudem frühere Färbereien, Bandfabriken und Maschinenfabriken entdecken.

Der hintere Buchdeckel enthält die Route 8 durch die Elberfelder Nordstadt »Ölberg« mit zahlreichen Stationen zu Zuwanderung, Wanderarbeitern und »Schlafgängern« sowie zu den Hochburgen der Arbeiterbewegung und der Arbeiterkultur.

Die Ziffern bei den Erläuterungen zu den einzelnen Stationen beziehen sich auf die Infotafeln (rote Punkte) sowie auf die Erklärungen auf den Rückseiten der erwähnten Übersichtskarten.

Reiner Rhefus

Friedrich Engels im Wuppertal

Auf den Spuren des Denkers, Machers und Revolutionärs im »deutschen Manchester«

VSA: Verlag Hamburg

www.vsa-verlag.de

Für Dr. Michael Knieriem,

der mehr als drei Jahrzehnte zu Friedrich Engels im Wuppertal geforscht und das Engels-Haus wie das Museum für Frühindustrialisierung aufgebaut hat.

Danksagung

Danken möchte ich Hans Werner Otto und Martin Schiek insbesondere für ihre Korrekturen und Kommentare, Gerd Neumann und dem Medienzentrum Wuppertal für die Aufbereitung der Reproduktionen, dem Stadtarchiv Wuppertal und dem Historischen Zentrum Wuppertal für das zur Verfügung gestellte Foto- und Archivmaterial. Udo Achten, Düsseldorf, danke ich für die zur Verfügung gestellten Zeichnungen und Dokumente. In der Stadtbibliothek Wuppertal konnte ich Einblick in die Zeitungsbestände nehmen und das Ressort Vermessung, Kataster und Geodaten der Stadt Wuppertal stellte Karten und Katasterpläne zur Verfügung. Michael Holter und Gerd Neumann danke ich für die Bearbeitung dieser Pläne.

Die Ausarbeitung beruht auf lokalhistorischen Forschungen über einen Zeitraum von 60 Jahren, insbesondere denen von Dr. Michael Knieriem, dem langjährigen Leiter des Engels-Hauses, den im Wuppertal geborenen Historikern Prof. Helmut Hirsch (1907-2009) und Dr. Horst Heidermann (1929-2018), Prof. Klaus Goebel sowie dem Berliner Engelsbiografen Heinrich Gemkow (1928-2017). Ihre Forschungsergebnisse erschienen meist in lokalhistorischen Publikationen und Zeitschriften.

Nicht zuletzt möchte ich aber meiner Frau Eva Neuhaus für ihre Geduld danken, mit der sie mir über den doch langen Zeitraum der Entstehung des Buches »den Rücken freigehalten« hat.

Verlagslektorat und Layout: Gerd Siebecke, VSA: Verlag Hamburg
Der Verlag dankt der Rosa-Luxemburg-Stiftung für freundliche Unterstützung bei der Verbreitung des Buches.

Umschlagfotos: Baumwollspinnerei Ermen & Engels in Engelskirchen (1868; Rheinische Industriekultur e.V.); Friedrich Engels um 1858 (Bearbeitung Gerd Siebecke); die beiden Engels-Häuser mit Hrdlicka-Skulptur (Gerd Neumann); Friedrich-Engels-Allee (Reiner Rhefus)
Rückseite: WSW Wuppertaler Stadtwerke GmbH, Bildarchiv/AV-Medien, Fotograf: Stefan Tesche-Hasenbach

Druck und Buchbindearbeiten: CPIBooks GmbH, Leck
ISBN 978-3-96488-065-9

Inhalt

Die »kommunistischen Versammlungen« und der »Gesellschaftsspiegel«

Das Wuppertal während der Revolution von 1848/49

Auf dem »Familienfriedhof« Engels

Carl Siebel, »Das Kapital« und Marx' zweiter Besuch im Wuppertal

Der Bruch in späteren Jahren

Verwandte Bankiers, Fabrikanten und Jugendfreunde in Barmen

»Mit uns zieht die neue Zeit ...« Friedrich Engels und die Wuppertaler Arbeiterbewegung

Verehrung und frühe Rezeption

Erinnerungsorte und Denkmäler

Anhang

Einleitung

Friedrich Engels verbrachte in seiner Heimat, dem Wuppertal, Kindheit und Jugend. Bereits im Alter von 18 Jahren verließ er sie jedoch und ging zur Ausbildung nach Bremen. Danach kam er immer nur für jeweils kurze Zeit zurück ins Tal, für einige Monate, manchmal nur für einige Tage. Doch diese kurzen Zeiträume sind mit wichtigen Phasen seines Wirkens verbunden. Zeitlebens pflegte er gute Kontakte zu seiner Familie, vor allem zu seiner Mutter und in späteren Jahren zu seinem Bruder Hermann, der in Barmen wohnte. Er nutzte alte Freundschaften und Kontakte, um seine politischen Projekte und Publikationen zu befördern.

Als das früh industrialisierte Wuppertal in den 1860er Jahren zur westdeutschen Hochburg des Allgemeinen Deutschen Arbeitervereins und später der Sozialdemokratie wurde, verfolgte Engels, der sich in den 1880er Jahren zum Mentor der sozialistischen Arbeiterbewegung in Europa entwickelte, natürlich immer auch das Geschehen in seiner Heimat. Als er 1895 starb, waren das Wuppertal und das Bergische Land organisatorisches Zentrum der SPD für die gesamte preußische Rheinprovinz und Westphalen.

Die Orte, die mit Friedrich Engels' Kindheit und Jugend verbunden sind, die Wirkungsstätten vor und während der Revolution sowie die Kontakte, die er Zeit seines Lebens ins Wuppertal pflegte, wurden von mit der Stadt verbundenen Historikern erforscht. Zu nennen sind hier besonders Dr. Michael Knieriem, der langjährige Leiter des Engelshauses, die im Wuppertal geborenen Prof. Helmut Hirsch (1907-2009) und Dr. Horst Heidermann (1929-2018) sowie der Berliner Engels-Biograf Heinrich Gemkow (1928-2017). Ihre Forschungsergebnisse erschienen meist in lokalhistorischen Publikationen und Zeitschriften. Ich will mit diesem Buch einen Überblick über die wichtigsten mit Engels verbundenen Orte und Personen in Barmen und Elberfeld geben.[1] Die Darstellung folgt einer chronologischen Reihenfolge. Eine Häufung der Orte findet sich rund um den Engelsgarten, auf dem Unterbarmer Friedhof und in der Elberfelder Innenstadt.

[1] Dieses Buch ist eine Zusammenfassung eines umfangreicheren wissenschaftlichen Manuskriptes, in dem die Beziehungen Friedrich Engels' im Detail nachgezeichnet werden. Darin sind exakte Quellennachweise enthalten, auf die hier weitgehend verzichtet wurde. Diese Arbeit wird ebenfalls im VSA: Verlag erscheinen.

Herkunft, Kindheit und Jugend

»Ansicht des Barmer Thales«, Standpunkt Hardt (Ausschnitt) – Georg Carl Theodor Stietz (1774-1848); Lithograph Johann Georg Schreiner (1801-1859), gedruckt von der Kunstanstalt Nikolaus Zach in München, veröffentlicht 1834 von Peter Friedrich Hassel (1807-1842) in Wupperthal (Sammlung Bergischer Geschichtsverein e.V.). Rechts die »Potsdamer Häuser« mit der Seifensiederei Heye und den Lagerhäusern der Farbhandlungen von Christian Jung und Georg-Heinrich Orth, links daneben die Türkischrotfärberei G. Wittenstein-Troost.

Friedrich Engels 1849/50 über das preußische Rheinland

»Rheinpreußen besitzt (...) die ausgebildetste und mannigfachste Industrie von ganz Deutschland. In den drei Regierungsbezirken Aachen, Köln und Düsseldorf sind fast alle Industriezweige vertreten: Baumwollen-, Wollen- und Seidenindustrie aller Art nebst den davon abhängigen Branchen der Bleicherei, Druckerei und Färberei, der Eisengießerei und Maschinenfabrikation, ferner Bergbau, Waffenschmieden und sonstige Metallindustrie finden sich hier auf dem Raum weniger Quadratmeilen konzentriert und beschäftigen eine Bevölkerung von in Deutschland unerhörter Dichtigkeit. An die Rheinprovinz schließt sich unmittelbar, sie mit einem Teil der Rohstoffe versorgend und industriell zu ihr gehörend, der märkische Eisen- und Kohlendistrikt an. Die beste Wasserstraße Deutschlands, die Nähe des Meeres, der mineralische Reichtum der Gegend begünstigen die Industrie, die außerdem zahlreiche Eisenbahnen erzeugt hat und ihr Eisenbahnnetz noch täglich vervollständigt. Mit der Industrie in Wechselwirkung steht ein für Deutschland sehr ausgedehnter Ausfuhr- und Einfuhrhandel nach allen Weltteilen, ein bedeutender direkter Verkehr mit allen großen Stapelplätzen des Weltmarkts und eine verhältnismäßige Spekulation in Rohprodukten und Eisenbahnaktien. Kurz, die industrielle und kommerzielle Entwicklungsstufe der Rheinprovinz ist, wenn auch auf dem Weltmarkt ziemlich unbedeutend, doch für Deutschland einzig.

Die Folge dieser – ebenfalls unter der revolutionären französischen Herrschaft aufgeblühten – Industrie und des mit ihr zusammenhängenden Handels in Rheinpreußen ist die Erzeugung einer mächtigen industriellen und kommerziellen großen Bourgeoisie und, im Gegensatz zu ihr, eines zahlreichen industriellen Proletariats, zweier Klassen, die im übrigen Deutschland nur sehr stellenweise und embryonisch existieren, die aber die besondre politische Entwicklung der Rheinprovinz fast ausschließlich beherrschen.

Vor den übrigen durch die Franzosen revolutionierten deutschen Ländern hat Rheinpreußen die Industrie, vor den übrigen deutschen Industriebezirken (Sachsen und Schlesien) die Französische Revolution voraus. Es ist der einzige Teil Deutschlands, dessen gesellschaftliche Entwickelung fast ganz die Höhe der modernen bürgerlichen Gesellschaft erreicht hat: ausgebildete Industrie, ausgedehnter Handel, Anhäufung der Kapitalien, Freiheit des Grundeigentums; starke Bourgeoisie und massenhaftes Proletariat in den Städten, zahlreiche und verschuldete Parzellenbauern auf dem Lande vorherrschend; Herrschaft der Bourgeoisie über das Proletariat durch das Lohnverhältnis, über den Bauern durch die Hypothek, über den Kleinbürger durch die Konkurrenz und endlich Sanktion der Bourgeoisherrschaft durch die Handelsgerichte, die Fabrikgerichte, die Bourgeoisjury und die ganze materielle Gesetzgebung.« (MEW 7: 116f.)[2]

[2] Sofern im Folgenden aus Briefen und Texten von Friedrich Engels (und Karl Marx) zitiert wird, erfolgt dies durch die Kurzangabe MEW mit der jeweiligen Band-Nr. und der Seitenzahl aus den Marx-Engels-Werken.

Barmen, Wuppertal, Rheinpreußen – industrielle Pionierregion

Als Friedrich Engels 1820 in Barmen geboren wurde, ging im Wuppertal, das als das gewerbereichste Tal in Deutschland galt und zu den ökonomischen Zentren des Rheinlandes zählte, eine 40jährige Manufakturperiode zu Ende. Aufbauend auf einer langen gewerblichen Tradition und der Herausbildung zahlreicher Textilmanufakturen, entstand hier schon früh die industrielle Produktionsweise. In den beiden Schwesterstädten Elberfeld und Barmen lebten damals (1816) etwa 40.000 Einwohner. Damit lag das Wuppertal nach Cöln (50.000) und vor Aachen (32.000), Düsseldorf (23.000) und Crefeld (14.300) an zweiter Stelle im Rheinland und an vierter Stelle in Preußen.

1821 wurde hier die erste Dampfmaschine aufgestellt. Anfang 1824 war das Wuppertal neben Krefeld die einzige Stadt in der rheinischen Textilindustrie, in der es bereits zwei Maschinen gab. In den ersten drei Lebensjahrzehnten von Friedrich Engels vollzog sich im Tal der Wupper ein rasanter und grundlegender Wandel. Zunächst setzte die Mechanisierung der Baumwoll- und Seidengarnspinnerei ein. Die *Hammersteiner Baumwollspinnerei* bei Wuppertal-Sonnborn war mit ihren 48 Mule-Jennies, den sogenannten Selfactors, eine der größten Spinnereien Deutschlands. In den 1840er Jahren folgte die Mechanisierung der Weberei. Kurz nach ihrer Einführung in Deutschland liefen bei *Gebr. Boeddinghaus* in Elberfeld die ersten dampfgetriebenen Maschinenstühle des Rheinlandes.

Neben dem Leitsektor, der Textilindustrie, entstanden neue industrielle Sektoren, erste Maschinen- und chemische Fabriken. Während in der *Manufaktur von Johann Caspar Engels* Pottasche – als Zusatz zum Bleichen und Färben – hergestellt wurde, führte die *Firma Wesenfeld* in den 1830er Jahren die Herstellung von Soda ein, das erste Surrogat der Pottasche. Das Wuppertal wurde zum Vorreiter der Textilchemie. Einige der hier genann-

Unterbarmen um 1875, Postkarte von Louis Stüting, Barmen (StAW)

Musterkarte der Fa. J. P. von Eynern, Barmen um 1810 (Museum für Frühindustrialisierung)

ten Unternehmen werden uns im Weiteren noch begegnen. 1860 stand ca. jede zehnte Maschine des industriereichen Regierungsbezirkes Düsseldorf in Elberfeld-Barmen. Hier fand man die mit Abstand höchste Fabrikarbeiterdichte aller deutschen Städte vor.

Auch die Unternehmen der Familie Engels nahmen an diesem rasanten wirtschaftlichen und sozialen Wandel direkt teil. Friedrich Engels wurde Zeuge dieses Prozesses und seiner Auswirkungen. Er beobachtete und begrüßte diese »Revolution im Äußern der Stadt« und ging davon aus, dass ihr notwendigerweise eine Revolution in der Anschauungsweise folgen müsse. Schließlich wurde er zum Mentor derjenigen, die – so schrieb er später 1894 an den Sozialdemokraten Carl Eberle in Barmen – »auch die Revolution in den Köpfen der Arbeiter« (MEW 39: 239) bewirken würden.

Johann Caspar Engels (1753-1821), Gründer der Unterbarmer vereinigten evangelischen Gemeinde und Großvater von Friedrich Engels (Ausschnitt aus dem Gemälde von Heinrich Christoph Kolbe, um 1816, Privatbesitz)

Die Manufaktur Caspar Engels Söhne

Rund um den heutigen Engelsgarten, in einer hufeisenförmigen Anordnung, lagen 1820 die *Manufaktur Caspar Engels – Söhne* und die dazugehörigen Werkstätten, Arbeiterhäuser sowie die drei repräsentativen Wohnhäuser der Manufakturinhaber. Das älteste noch erhaltene Zeugnis dieser Manufaktur ist das Engelshaus, das 1775 im Auftrag von Johann Caspar Engels (1753-1823) und nach Plänen des Architekten Eberhard Haarmann (1736-1817) fertiggestellt wurde.

Der Vater des Bauherrn hatte 1747 die Manufaktur begründet. Das Unternehmen vertrieb zunächst gebleichte Garne, nahm dann jedoch erstmals in Deutschland die maschinelle Fertigung von Spitze auf und wuchs bald zu einer der größten Unternehmungen im Wuppertal heran. Etwa 300 Facharbei-

Die Fabrik-Kolonie um 1820, Modell im Museum für Frühindustrialisierung (Foto: Gerd Neumann)

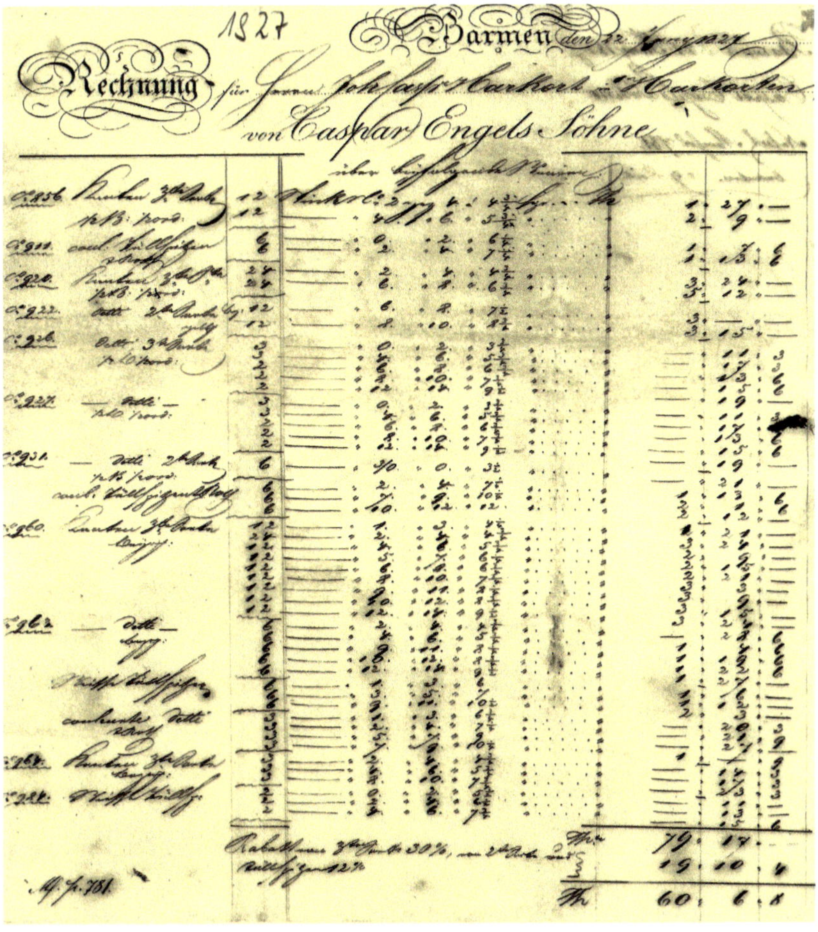

1827

Barmen den

Rechnung für

von Caspar Engels Söhne

Rechnung der Manufaktur Caspar Engels Söhne 1827. Adressat ist Caspar Harkort, ein Mitglied der Familie des Eisenbahnpioniers Friedrich Harkort (Historisches Zentrum Wuppertal).

Die Ansiedlung Bruch am östlichen Rand von Barmen, 1828

Folgende Häuser wurden erwähnt: (1) Haus Johann Caspar Engels (erhalten), (2) Fabrik- und Arbeiterhäuser (erhalten), (3) Geburtshaus Friedrich Engels, (4) Haus Benjamin Engels (erhalten), (5) die Schule, (6) die Häuser von Moritz Snethlage, (7) das Wohnhaus von Melchior Kruse und Ignaz Lindl, (8) die Villa Marie und Emil Blank, (9) Villa Hermann Engels, (10) Seidenlagerhaus der Fa. Johann Caspar Engels

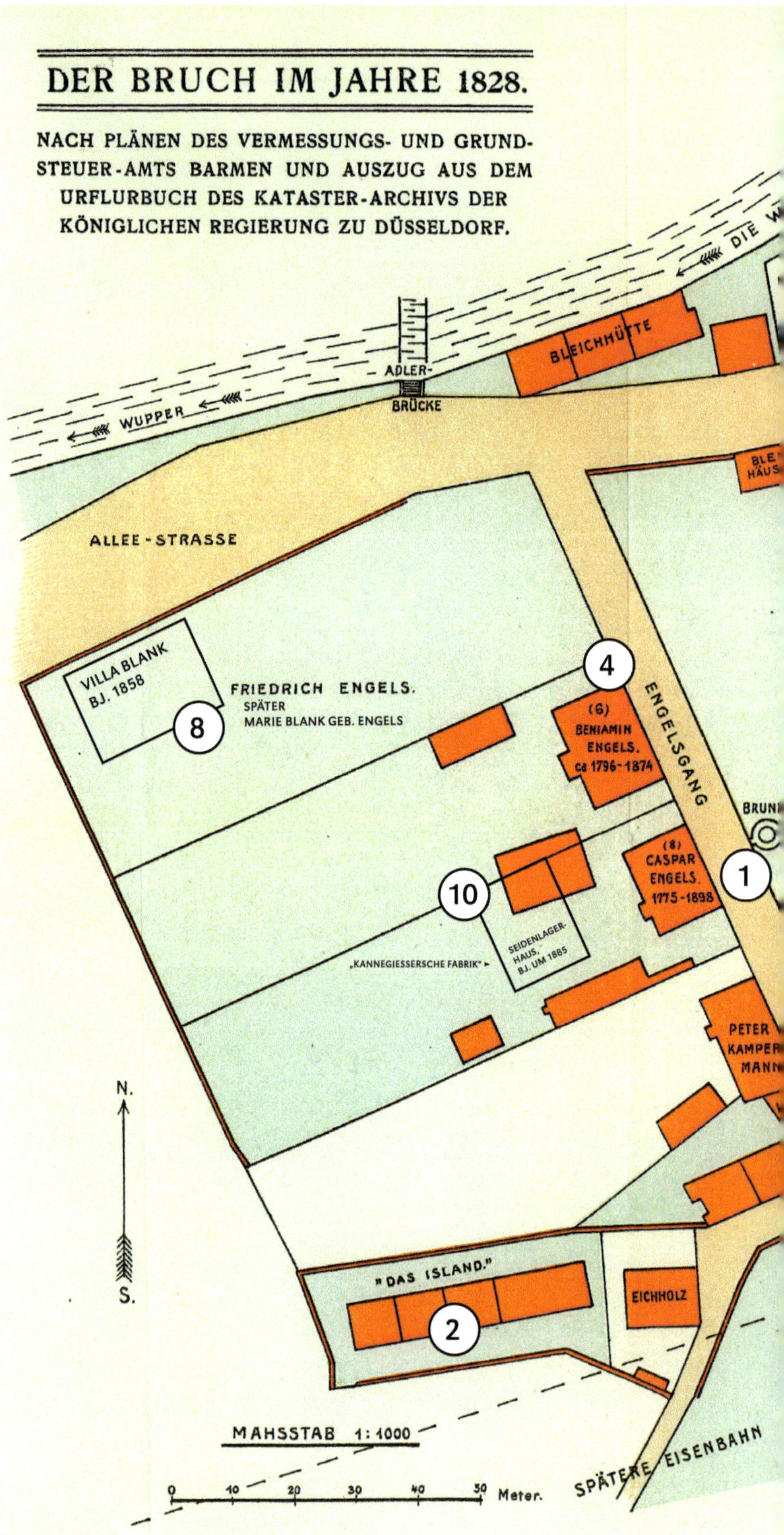

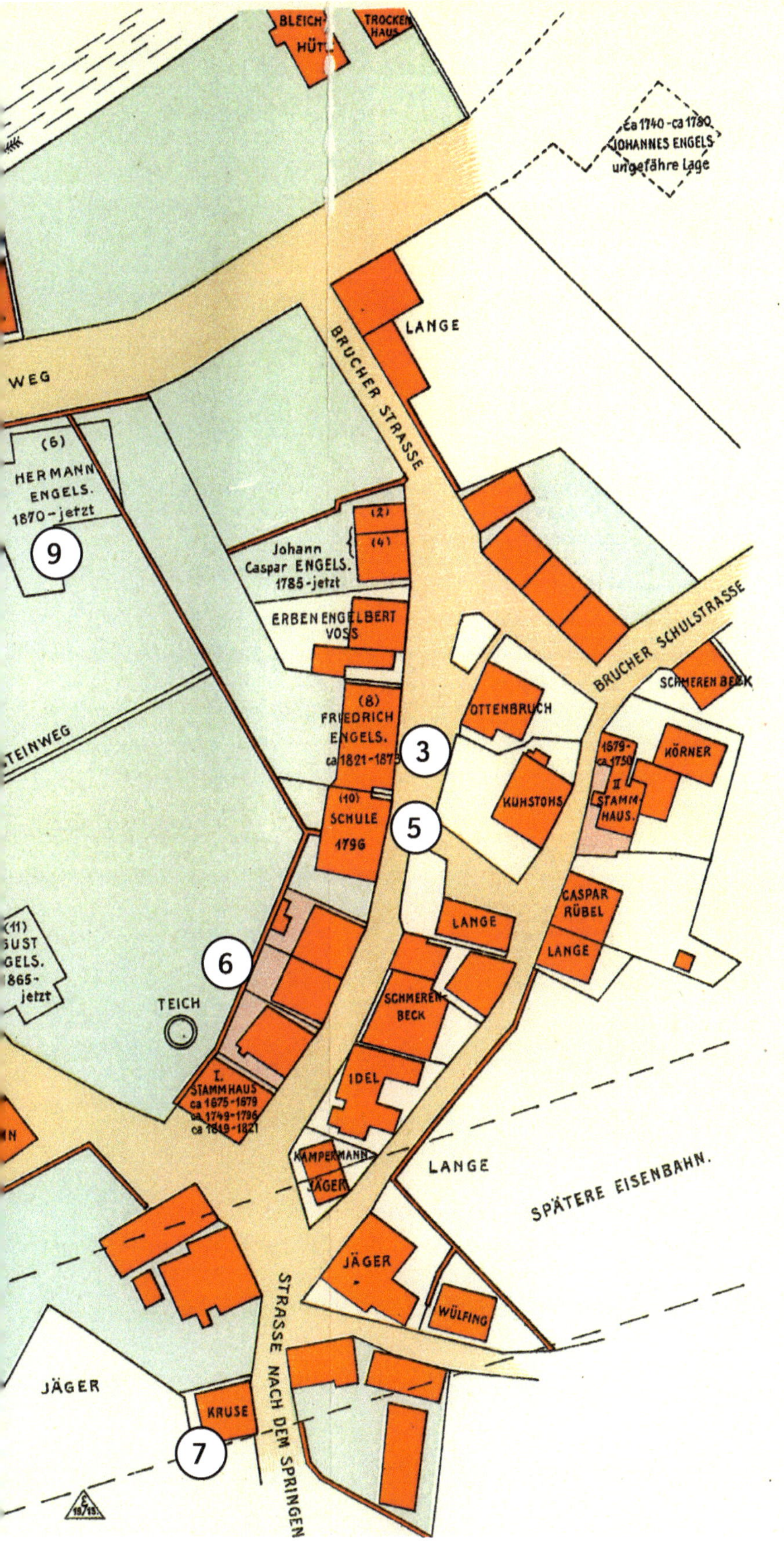

Der bläulich eingefärbte Bereich war im Jahr 1828 im Besitz der Familie Engels. Der hellrot eingefärbte Bereich war im Besitz von Pastor Snethlage und vor dessen Verheiratung 1822 Eigentum seines Schwiegervaters Joh. Caspar Engels.

Zahlen in Klammern: Hausnummer im Jahr 1913; die Jahreszahlen an den Häusern bezeichnen den Zeitraum, in dem sie von den Mitgliedern der Familie bewohnt werden.

Quelle: Koerner, Bernhard (Hrsg.), Bergisches Geschlechterbuch, Erster Band, bearbeitet in Gemeinschaft mit Cand. Jur. Edmund Strutz, zugleich Deutsches Geschlechterbuch, 24. Band, Görlitz 1913, S. 53

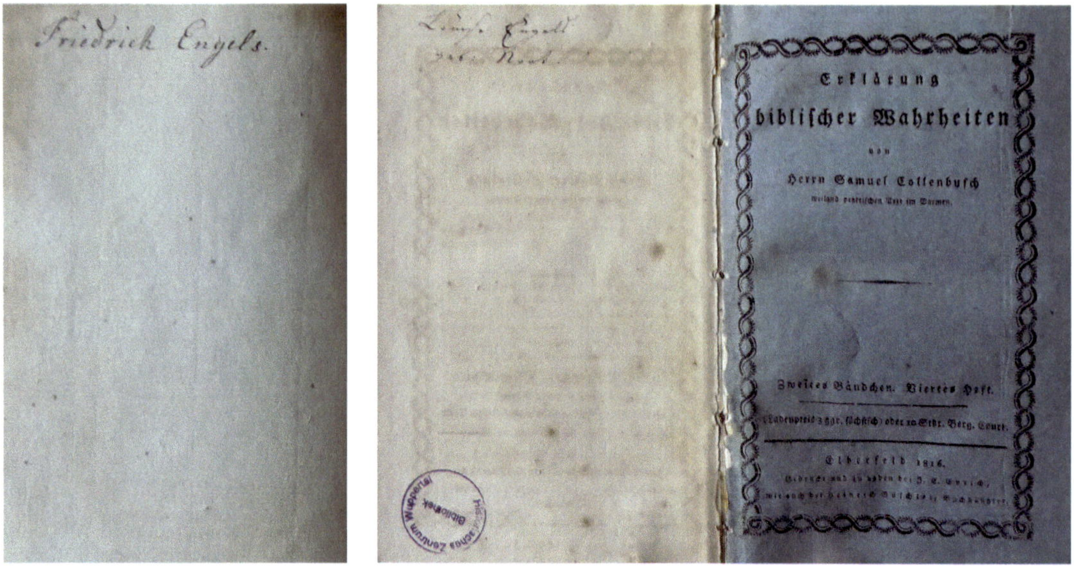

Collenbuschs »Erklärung Biblischer Wahrheiten ...« links mit dem Eigentümervermerk »Friedrich Engels«, rechts mit dem von Luise Noot (Historisches Zentrum Wuppertal)

ter arbeiteten in der Bänder- und Litzenfabrikation, der Pottascheproduktion und auf den Bleichereien. Die hier erzeugte »Langette« wurde in vielen Regionen Deutschlands und in Frankreich vertrieben. Von unternehmerischem Weitblick zeugte der Einsatz von neuartigen Technologien und Maschinen. 1818 erwarb die Manufaktur Anteile an einem Mailänder Seidenhandelshaus, von wo sie die Seide bezog, die sie zu Schmuckbändern verarbeitete.

Die Bewohner des Engelshauses, in dem Friedrich Engels' Vater, Friedrich Engels sen., 1796 geboren wurde, waren von einem stark religiösen Ethos geprägt. Der Großvater Johann Caspar Engels war Pietist, stand in freundschaftlichem Kontakt mit Samuel Collenbusch (1724-1803), dem bedeutendsten innerkirchlichen Pietisten des Bergischen Landes. Sein Haus war Treffpunkt von konfessionsübergreifenden Konventikeln, in denen selbstständig und frei von konfessionellen Interpretationen die Bibel gelesen wurde. Allein Gottes Wort sollte den gesamten Alltag inspirieren. Als Krönung seines Lebenswerkes betrachtete Engels' Großvater die Gründung der vereinigten evangelischen Gemeinde in Unterbarmen.

Bemerkenswert war auch die für die damalige Zeit außergewöhnliche Stellung der Frau in Barmer Pietistenkreisen. Sie galt als Ratgeberin und Lehrerin ihres Mannes. Luise Noot (1762-1822), die zweite Frau von Johann Caspar, war Tochter des Bürgermeisters von Ruhrort (Duisburg). Sie soll ihrem Ehemann in sprachlicher und intellektueller Hinsicht überlegen gewesen sein und Aufgaben der äußeren Repräsentation ihres Kaufmannshauses übernommen haben. Auch Friedrichs Mutter Elise übernahm geschäftliche Aufgaben. Sie war Geschäftspartnerin ihres Mannes und verbarg sich im Firmennamen »Friedr. Engels Comp.« hinter dem »Comp.«.

Das Engels-Haus – ein architektonisches Denkmal

Der Barmer Baumeister des Hauses, Eberhard Haarmann, nahm am Ausgang des 18. Jahrhunderts besonderen Einfluss auf die Formgebung des Bergischen Hauses (siehe hierzu Schell 1910: 214). Haarmann hatte an der Fertigstellung des Benrather Schlosses (1755-1773) bei Düsseldorf mitgewirkt. Viele Elemente dieses spätbarocken Stils sind auch in die von Haarmann entworfenen bergischen Patrizierhäuser eingeflossen. Bis dahin hatte das bergische Haus nur wenige spezifische Eigentümlichkeiten aufzuweisen, nun aber verbanden Haarmann und weitere Architekten Rokoko und Spätbarock erfolgreich mit der tradierten bergischen Bauweise: Der Eingang mit zwei Türflügeln, einem reich verzierten Oberlicht, den beiden benachbarten Fenstern und der vorgelagerten Freitreppe fügt sich zu einem repräsentativen Eingangsbereich (ebd.: 216). Besondere Sorgfalt galt dem Dachaufbau, der mit den abgestuften Mansardenfenstern die symmetrische Form der Fassade aufgreift. Im Inneren zeigen Mobiliar, Stuckaturen und Wandmalereien

Das Wohnhaus Engelsstraße 12 auf einem Foto aus dem Jahr 2015. Es wurde 1775 errichtet und war bis etwa 1890 im Besitz der Familie Caspar Engels (Gerd Neumann).

Das Musikzimmer im Engels-Haus. Die Lyra über dem Ofen war ein wichtiges Dekorationselement des Empire-Stils (Medienzentrum Wuppertal, Gerd Neumann).

den Lebensstil der bürgerlichen bergischen Fabrikantenfamilie. Ein eigenes Musikzimmer erinnert an kulturelle Aktivitäten, die hier gepflegt wurden. Der Großvater gründete einen eigenen Instrumentalkreis, die *Gesellschaft Musica,* und legte großen Wert auf die musische Erziehung seiner Kinder. Er ließ sie Flöte, Cello, Klavier, Fagott und Oboe spielen lernen und war selbst ein begeisterter Orgelspieler.

Johann Caspar Engels (1792-1863), Seidenhändler und Onkel von Friedrich Engels, wohnte zu Lebzeiten Engels' im heutigen Engels-Haus (Koerner 1913: 64).

Die bergische Wohnkultur »mit ihren herben Räumen und Möbeln (...) vermied jeden Schein und stellte keine Ansprüche« (Köllmann 1960: 112), die nicht durch Charakter und Leistung gerechtfertigt waren. In den klar gegliederten Formen des bergischen Bürgerhauses kamen das Selbstbewusstsein und der Stolz auf die eigenen Leistungen der Barmer Fabrikanten zum Ausdruck (ebd.). Über etwa 60 Jahre sollte dieser Baustil für die repräsentativen Bauten im Bergischen Land prägend bleiben. Das Engelshaus gehört zu den wichtigsten Zeugnissen dieses regional gebundenen Stils.

Die Fabrik- und Arbeiterhäuser

Durch die Firmenpolitik und Bautätigkeit entwickelte sich das Unternehmen mit zunächst verstreut lebenden Heimarbeitern zu einer Fabrik-Kolonie und Manufaktur mit zunehmend zentralisierten Arbeitsschritten. Zwei der etwa 40 Produktions- und *Arbeiterhäuser* sind auf der Wittensteinstraße (Nr. 282 und 284) erhalten. Hier wohnten jeweils zwei Familien in einem Haus. Jede Familie hatte zwei Zimmer: In einem wurde gewohnt und gearbeitet, das andere war das Schlafzimmer. Die Gemeinschaft von Manufakturinhabern und Arbeitern am Bruch – so nannte sich die kleine Ansiedlung am östlichen Rand von Barmen – war nicht nur durch die Arbeit und die Arbeits-

Zwei der Fabrik- und Arbeiterhäuser der Manufaktur Johann Caspar Engels blieben erhalten. Sie entstanden 1785 (Reiner Rhefus).

teilung miteinander verbunden, sondern auch durch ein religiöses Band, den gemeinsamen calvinistisch-pietistischen Glauben.

Für einen »rechtschaffenen Lebenswandel« trug der patriarchalische und pietistische Unternehmer Mitverantwortung. Es gab einen Laden mit preiswerten Lebensmitteln, eine Schule für die Kinder und eine gewisse Fürsorge im Krankheitsfall. Sparsamkeit und Fleiß lagen in seinem Interesse und konnten in der Kolonie besser kontrolliert werden. Die Arbeitszeit in einer pietistischen Bandwirkerfamilie begann um fünf Uhr morgens und endete um 21 Uhr am Abend. Dies entsprach in etwa dem Anspruch Nikolaus Ludwig von Zinzendorfs (1700-1760), des pietistischen Theologen und Gründers der Herrnhuter Brüdergemeine, die folgendes Reglement vorsah: 4:00-5:00 Uhr

Die Stube eines Arbeiters, der im eigenen Haus an der handbetriebenen Flechtmaschine arbeitete, wird im Museum für Frühindustrialisierung gezeigt. Ähnlich werden auch die Räume in den Arbeiterhäusern ausgestattet gewesen sein (Antje Zeis-Loi, Medienzentrum Wuppertal).

Frühstück und Gebet, 5:00-21:00 Uhr Arbeitszeit, 21:00-23:00 Uhr Abendessen und Gebet, 23:00-4:00 Uhr Schlaf (Knieriem 1992: 93f.).

Friedrich Engels sen. o.J. Öl auf Leinwand (Koerner 1913: 64)

Elise Engels, geb. van Haar (Koerner 1913: 65)

Auch wenn sich diese enge, fürsorgliche und in Arbeitsteilung wirkende Gemeinschaft in den 1820er Jahren mehr und mehr auflöste, war sie doch bereits Anschauungsmaterial für Friedrich Engels' soziale Studien zu den Arbeitsbedingungen in den 1840er Jahren in Manchester. Friedrich Engels sen. charakterisierte den mit der Produktionsgemeinschaft verbundenen Erziehungsgedanken und das relativ gute Einvernehmen in der Fabrikkolonie der Familie in einem Brief vom Juli 1845 an seinen Schwager Carl Snethlage in Berlin wie folgt: »Ich glaube, grade der Fabrikherr hat die meiste Gelegenheit, im weitern Kreise seinen Mitmenschen zu nützen. Freilich gibt es auch genug räudige Schafe unter ihnen, und dafür möge der Staat so scharfe Aufsicht führen, daß sie wenigstens nicht schaden können, obgleich ich zugebe, daß eine solche Aufsicht schwer ist. Aber nimm das Verhältniß unserer Arbeiter im Bruch an, konnte es ein besseres geben? Auch die Spinnerei von H[errn] Jung zu Hammerstein ist ein schönes Beispiel neuerer Zeit, er sorgt recht treulich für seine Leute. Arbeiten müßen wir Menschen einmal nach Gottes Ausspruch, und Arbeit ist dem Menschen Bedürfniß, wenn er nicht verkommen soll. Ich sehe das schon deutlich an Engelskirchen. Früher waren die Leute bei ihrer kärglichen Beschäftigung faul und liederlich, jetzt herrscht wirklich schon ein andrer Geist dort, und ich muß mich verwundern, wie mancher frühere Nichtsnutz ein fleißiger Arbeiter u[nd] wirklich gesitteter geworden ist. Dabei nimmt der Wohlstand sichtbarlich zu.« (Zitiert in Knieriem [Hrsg.] 1991: 596)

Diese fürsorgliche und auf gemeinsamer Arbeit und gemeinsamen, wenn auch religiösen, Vorstellungen beruhende Gemeinschaft mag dem Junior – mit anderen Besitz- und Machtverhältnissen – vorgeschwebt haben, als er schon als junger Mann die kommunistische Gesellschaft propagierte.

Das Geburtshaus von Friedrich Engels jun.

Die Lage
der
arbeitenden Klasse
in
England.

Friedrich Engels.

Leipzig.

1845.

Das *Geburtshaus* (Baujahr 1808) von Friedrich Engels ist nicht erhalten. Es stand an der östlichen Seite des Engelsgartens. Friedrich, das älteste von neun Kindern, hatte sicherlich eine glückliche Kindheit und wuchs in engem Kontakt mit den Arbeiterkindern auf, die gleich neben seinem Elternhaus ihre Schule hatten. In seinem Elternhaus verfasste Engels auch erste bedeutsame Texte, so etwa das Buch *»Die Lage der arbeitenden Klasse in England«* (1844/45) oder die englische Übersetzung des *»Manifest der Kommunistischen Partei«* (1848). Das Haus fiel 1943 den für die ganze Stadt verheerenden Bombenangriffen zum Opfer. An seiner Stelle wurde 1959 ein *Gedenkstein* errichtet, der an den »großen Sohn der Stadt« und »Mitbegründer des wissenschaftlichen Sozialismus« erinnert.

Das Geburtshaus von Friedrich Engels (links) – Ansicht von der Straßenseite Brucher Straße (StAW)

Das Geburtshaus von der Gartenseite, Aufnahme aus dem November 1915 (StAW)

Nachbarn am Bruch – Moritz Snethlage, die Schule und Ignaz Lindl

Moritz Snethlage (Historisches Zentrum Wuppertal)

Auf der Brucher Straße wohnten auch Louise Snethlage (1799-1843), eine Tante Friedrichs, und ihr Mann Carl Wilhelm Moritz Snethlage (1792-1871). Dieser war ein bekannter Prediger und einer der zwei Pastoren der neu gegründeten Gemeinde zu Unterbarmen. Friedrich Engels sen. war gut befreundet mit seinem Schwager und wandte sich bei Erziehungsproblemen mit seinem ältesten Sohn immer wieder an ihn. Snethlage war Pate von Friedrich Engels. Durch ihn lernte Friedrich den Pietismus und seine strenggläubigen Anhänger kennen. Als er Kontakt zu Zeitschriften der politischen und literarischen Opposition aufnahm, spitzte sich der Konflikt im Elternhaus zu. Nun kam es wohl öfter zu familiären Auseinandersetzungen, bei denen auch, wie eine Karikatur von Engels zeigt, als moralische Instanz Pastor und Onkel Snethlage hinzugezogen wurde. 1842 zog Snethlage mit seiner Frau nach Berlin, wurde Prediger am Berliner Dom und schließlich Oberhofprediger. Snethlage nahm immer wieder Anteil am Lebensweg seines Patenkindes, nicht zuletzt, als Friedrich Engels sen. starb und der Sohn als steckbrieflich gesuchter Revolutionär durch Snethlages Mitwirken an der Beerdigung seines Vaters teilnehmen konnte.[3]

[3] Siehe hierzu das Unterkapitel »Mit Ausnahmegenehmigung am Grab des Vaters«, S. 84

Im oberen Teil des Weges lagen auch das Stammhaus der Familie und das Wohnhaus von Melchior Kruse (1767-1844), einem Werkmeister in der Manufaktur und engen Freund des Großvaters. Seit 1829 wohnte bei Kruse auch

Eine erzieherische Maßnahme. Die Karikatur von Friedrich Engels zeigt die Eltern und Moritz Snethlage, wie sie dem Jugendlichen Vorhaltungen machen. Auf dem Boden liegt eine Ausgabe des »Telegraph für Deutschland«, in dem Engels seine kritischen »Briefe aus dem Wupperthal« veröffentlicht hatte.

Heft mit Zeichnungen des jungen Engels um 1834. Die Seite zeigt ein Motiv aus dem Freiheitskampf der Griechen gegen die osmanischen Besatzer (Historisches Zentrum Wuppertal, Gerd Neumann).

Links: Die Schule der kleinen Fabrikkolonie stand direkt neben dem Elternhaus; rechts: Der 18-Jährige, die früheste Abbildung von Friedrich Engels (Historisches Zentrum Wuppertal)

Ignaz Lindl (1774-1845), ein Erweckungsprediger, der zuvor in Russland eine christlich-kommunitäre Gemeinde nach herrnhuterischem Vorbild geleitet hatte. Auch im Wuppertal sammelte sich um den charismatischen Prediger eine christlich-spirituelle Gemeinde, die »Lindlaner«. Lindl gehörte zu den prominenten Bewohnern der Kolonie und wird mit seinen apokalyptischen Predigten und kommunitären Ideen möglicherweise auch auf den jungen Engels Eindruck gemacht haben.[4]

Gleich neben dem Elternhaus lag die von der Familie Engels gestiftete Elementarschule. In den zwei Klassenräumen wurden die knapp 200 Kinder von zwei Lehrern unterrichtet. Friedrich Engels jun. besuchte die Schule nicht. Er wurde vermutlich von Hauslehrern – möglicherweise von Ignaz Lindl – und später in der Barmer Stadtschule unterrichtet. Doch trotz dieser Trennung wird der junge Friedrich durch das gemeinsame Leben in der Fabrikkolonie mit seinen Altersgenossen gut bekannt und befreundet gewesen sein. Dass Engels als Fabrikantensohn in unmittelbarer Nähe zu den Produktionsstätten der dortigen Arbeiterschaft aufwuchs und deren Lebenswirklichkeit früh kennenlernte, unterschied ihn von seinem späteren Freund und politischen Weggefährten Karl Marx.

[4] Zur Person von Lindl siehe S. 87.

Haus Benjamin und August Engels

Das *zweite erhaltene »Engels-Haus«* wurde um 1795 von Benjamin Engels (1751-1820) errichtet, Mitinhaber der Manufaktur und Bruder von Friedrichs Großvater. Auch dieses Haus stammt von Eberhard Haarmann. Bei diesem 20 Jahre später entstandenen Gebäude lässt sich der klassizistische Einfluss erkennen, etwa an dem Dreiecksgiebel. In diesem Haus wohnte zur Jugendzeit Friedrichs sein Onkel August, der als politischer Vertreter sowohl der Familie Engels als auch der Stadt Barmen bezeichnet werden kann. August Engels (1797-1874) war städtischer Beigeordneter, Kreistagsabgeordneter, Mitglied der Handelskammer, Direktionsmitglied der Bergisch-Märkischen Eisenbahngesellschaft und Mitglied des Preußischen Herrenhauses.

Das Seidenhandelshaus *Aug. Engels & Comp.*, das er nach der geschäftlichen Trennung von seinen Brüdern betrieb, gehörte zu den umsatzstärksten und ertragreichsten der Stadt, er selbst war einer der größten Steuerzahler in Barmen. August Engels hatte eine Tochter – die »schöne Ida« –, über deren Schönheit wohl allgemein in Barmen geredet wurde. Ihr schrieb der 19jährige Friedrich einen Brief und ließ ihn heimlich von seiner Schwester Marie überbringen. Doch erfolglos: Ida heiratete später Albert Molineus, den Engels einen »Salonlöwen« nannte. Das Grab des Paares ist auf dem Unterbarmer Friedhof erhalten.

Benjamin Engels

August und Luise Engels, geb. Krebs. (Koerner 1913: 82)

Das Haus Engelsstr. 6. Mit dem Dreiecksgiebel macht sich in dem 1795 errichteten Haus der Klassizismus bemerkbar (Reiner Rhefus).

Die Eisenbahn – »das größte Werk des Jahrhunderts« (Georg Weerth)

Bereits Mitte der 1830er Jahre wurden im Rheinland verschiedene Eisenbahnprojekte entwickelt. 1826 entstand auf Initiative des Eisenbahnpioniers Friedrich Harkort (1793-1880) die erste Eisenbahn-Aktiengesellschaft in Preußen: Die Schienenbahn mit Pferdebetrieb versorgte das prosperierende Tal der Wupper mit Kohlen von der Ruhr. 1833 organisierte Harkort auch die erste Eisenbahn-Ausstellung in Elberfeld. So wollte er das Kapital für das geplante Dampfeisenbahnprojekt akquirieren.

Im März 1833 versammelten sich im Elberfelder Rathaus Fabrikanten, Bankiers, Eisenbahnexperten und die Stadtoberhäupter von Elberfeld und Barmen, um ein großes, überregionales Eisenbahnprojekt auf den Weg zu bringen: die Eisenbahnverbindung zwischen dem Rhein und der Weser. So sollte das Wuppertal mit dem Seehafen Bremerhaven verbunden werden. Die bis dahin 14tägige Frachtzeit sollte verkürzt, die hohen Kosten gesenkt werden. In Barmen schrieben sich 51 Bürger in die Unterstützerlisten ein, an deren Spitze Friedrich Engels sen., der später neben den Bürgermeistern aus Elberfeld und Barmen auch dem »Gemeinsamen Komitee von Elberfeld und Barmen zum Bau der Rhein-Weser-Bahn« angehörte.

Das westliche Ende des Bahnhofs Barmen. Hinter den Gleisanlagen der Brucher Platz mit dem Geburtshaus (x) von Friedrich Engels (Historisches Zentrum Wuppertal).

1838 eröffnete man einen ersten Streckenabschnitt der Düsseldorf-Elberfelder Eisenbahn. Hier verkehrte nach der Berlin-Potsdamer Eisenbahn die zweite Dampfeisenbahnlinie in Preußen. Zu dieser Zeit begannen ebenfalls die Arbeiten an der Trasse auf den Südhöhen von Barmen, denen auch einige Häuser der kleinen Fabrikkolonie am Bruch zum Opfer fielen.

Im Oktober 1847 wurde der Bahnverkehr von Barmen nach Schwelm aufgenommen. Über Dortmund und Minden hatte das Wuppertal nun Anschluss an die Weserschifffahrt und die Nordsee. Die Bergisch-Märkische Eisenbahngesellschaft (BME) mit Sitz in Elberfeld entwickelte sich zu einer der drei großen Bahngesellschaften der Rheinprovinz. August Engels, Bruder von Friedrich Engels sen., gehörte dem fünfköpfigen Direktorium der BME an.

Georg Fülberth vergleicht Engels mit den umsichtigen Unternehmertypen in Barmen. Im Habitus »waren Engels senior und Engels junior einander ähnlich: Sie gehörten beide zum Typus des Gründer-Unternehmers. (...) So wie der fungierende Kapitalist Produktionsprozesse organisiert, handhabt der operative Intellektuelle politische Prozesse. Seine Geschichte beginnt in Deutschland mit Friedrich Engels (...). (Er konnte – der Verf.) nicht nur schreiben und Reden halten, sondern auch im Maschinenraum der Organisation arbeiten, wie einst Friedrich Engels senior beim Getriebe der Wassermühle an der Agger in Engelskirchen.« (Fülberth 2020: 57ff.)

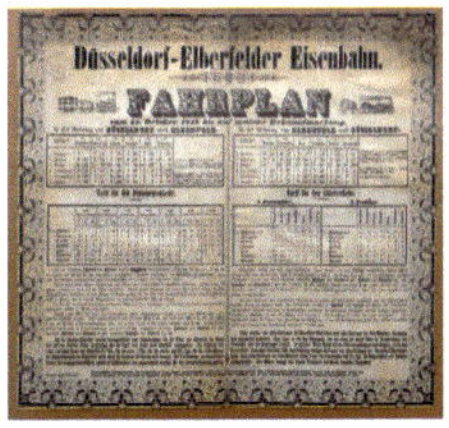

Fahrplan der Düsseldorf-Elberfelder Eisenbahn von 1847 (Historisches Zentrum Wuppertal)

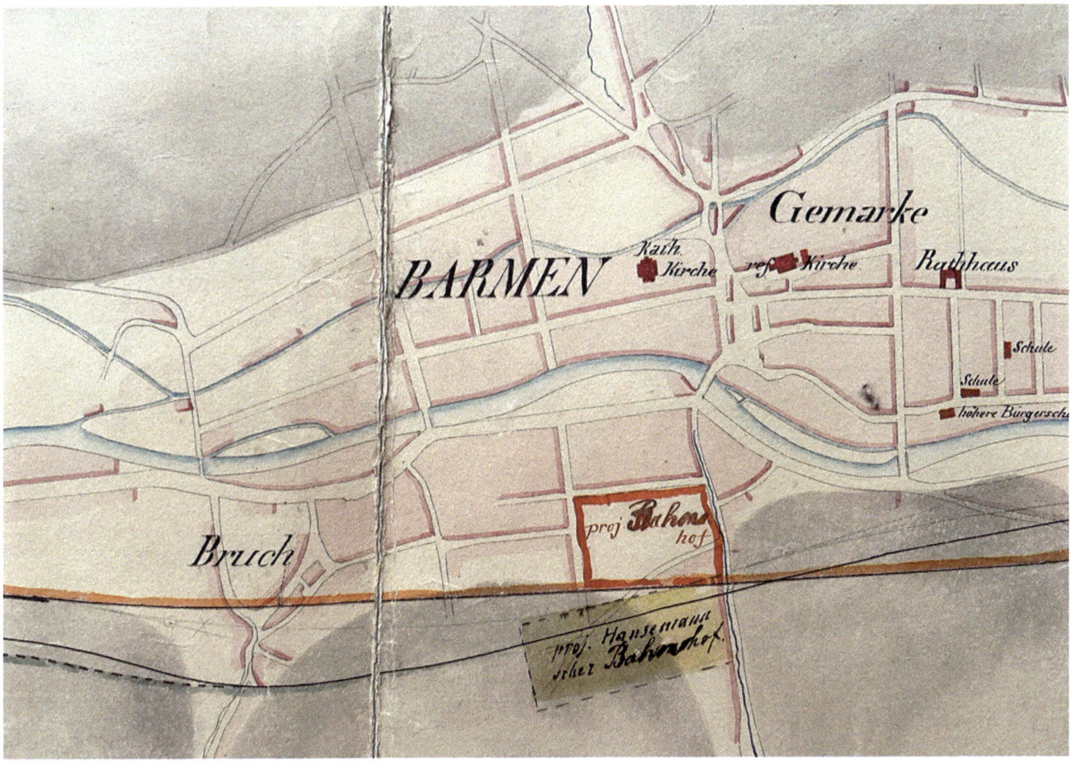

Der Ausschnitt aus dem Übersichtsplan der Städte Elberfeld und Barmen von 1841 zeigt den Verlauf der projektierten Eisenbahntrasse und die Lage des Bahnhofs in der Nähe des »Bruch« (Historisches Zentrum Wuppertal).

Ausschnitt aus dem Plan der Stadt Barmen von 1847. Im Osten liegt die Fabrikkolonie Engels (1), auf den südlichen Anhöhen die Pottasche-Fabrik (2), auf der nördlichen Anhöhe die Ziegelei (3). Der Barmer Mühlgraben (4) und einige weitere Kanäle zum Betrieb von Wasserkraftanlagen sind blau gekennzeichnet. Am Ende des Mühlgrabens liegt die Maschinenfabrik Alb. Wever & Comp. (5). Neben der Kirche (6) und dem Königs-Denkmal (7) sind weitere Bauprojekte der Unterbarmer Gemeinde zu sehen: Das Haus der Rheinischen Mission von 1831 (8), das Evangelische Waisenhaus aus dem Jahr 1850 (9) und das Armenhaus der Gemeinde, das 1846 gebaut wurde. Parallel zur Allee verläuft die 1847 fertiggestellte Eisenbahnlinie (10). Im Westen der Allee befinden

sich das Hotel »Zur Stadt London« (11), in dem die konspirativen Treffen von Friedrich Engels und Moses Hess stattfanden, und die Gaststätte Johann Abraham Klösch, heute Friedrich Engels-Allee 182 (12). (Vermessung, Katasteramt Geodaten der Stadt Wuppertal) Die blauen Pfeile kennzeichnen die vielen von der Wupper abzweigenden Mühlgräben. Diese lieferten den Fabriken und Färbereien die nötige Energie. Obwohl die erste Dampfmaschine im Wuppertal schon 1821 aufgestellt und genutzt wurde, blieb die Nutzung der Wasserkraft noch bis etwa 1860 vorherrschend. Der Mühlgraben war von 1750 bis 1850 der Motor der Industrialisierung. 1849 gab es nur sieben, 1861 schon 68 und 1869 – der große Sprung – 290 Dampfmaschinen in Barmen.

»Das schönste Gebäude des Tals«
(Reiner Rhefus)

Die Unterbarmer Hauptkirche

Die Frömmigkeit und der religiöse Eifer der Familie Engels werden durch die Unterbarmer Hauptkirche belegt, die unter ihrer maßgeblichen Mitwirkung 1832 fertiggestellt wurde. Einige Jahre später, in seinen *»Briefe(n) aus dem Wupperthal«* (1839), lobte der junge Friedrich die Kirche als »das schönste Gebäude des Tals« (MEW 1: 414)

Unterbarmen war zum Ende des 18. Jahrhunderts eine Hochburg des Pietismus und die Familie Engels eine tragende Kraft dieser Bewegung. Der schon erwähnte Johann Caspar Engels ergriff 1817 die Initiative zur Gründung einer eigenständigen Gemeinde in Unterbarmen, das bis dahin ein Teil der Gemeinde von Elberfeld war. Friedrich Engels sen. setzte das Werk seines Vaters fort und wurde zum Motor beim Bau der Kirche. Als Vorsitzender der Baukommission wählte er den damals bekannten Architekten und Hochschullehrer Heinrich Hübsch und als Baumeister Christian Heyden. Er beschaffte das nötige Geld, stellte den Baugrund zur Verfügung und lieferte aus der familieneigenen Ziegelei die nötigen Ziegel.

1841/42, als Friedrich Engels jun. seinen Militärdienst in Berlin absolvierte, sich durch philosophische Vorlesungen an der Universität sowie eigene Studien vom Glauben seiner Väter emanzipierte und ein radikaler Kirchenkritiker wurde, war der Vater entsetzt. Aus dieser Zeit ist der Ausspruch des Vaters überliefert, der gegenüber einem Freund äußerte: »Sie können nicht glauben, wie das einen Vater bekümmert. Mein Vater hat in Barmen die evangelische Gemeinde erst gestiftet, ich habe eine Kirche gebaut und mein Sohn reißt sie nieder.«[5]

[5] Gottfried Gervinus (1805-1871), Professor in Göttingen, zitiert nach Knieriem 2013: 138f.

Das Königsdenkmal

Links: Kirche und »Königsdenkmal« (gez. V. L. Rohbock, gest. v. G. Heisinger, nach 1842; Historisches Zentrum Wuppertal); rechts: das Denkmal und die Kirche auf einem Foto von Louis Stüting von 1863. Das Denkmal wurde nach 1945 abgetragen.

Mit der Religiosität der Familie Engels war zugleich eine große Verehrung des preußischen Königshauses verbunden. Anlässlich des Todes von Friedrich Wilhelm III. (1770-1840), der die Einwilligung zur Gründung der Gemeinde gegeben hatte, sammelten die Gemeinde und die Familie Engels für ein Denkmal zu Ehren des Monarchen, das gegenüber der Kirche errichtet wurde und mit ihr die bestimmende Sichtachse in Unterbarmen bildete. Zur Einweihung im Mai 1842 lud man den Sohn des verstorbenen Königs, den jungen Monarchen Friedrich Wilhelm IV. ein. Ganz Barmen war stolz auf diesen Besuch. Erstmals in der Stadtgeschichte übernachtete ein Monarch hier.

Wenige Monate später verfasste der junge Friedrich in seinem Elternhaus einen polemischen Artikel gegen den König und dessen Politik, insbesondere gegen dessen Kirchenpolitik. Dieser Aufsatz mit dem Titel *Friedrich Wilhelm IV., König von Preußen* (MEW 1: 446ff.) wurde von der preußischen Zensur verboten und musste, herausgegeben von Georg Herwegh, in der Schweiz gedruckt werden. Umso mehr Interesse fanden solche illegal eingeführten Schriften in den intellektuellen und oppositionellen Kreisen des Vormärz.

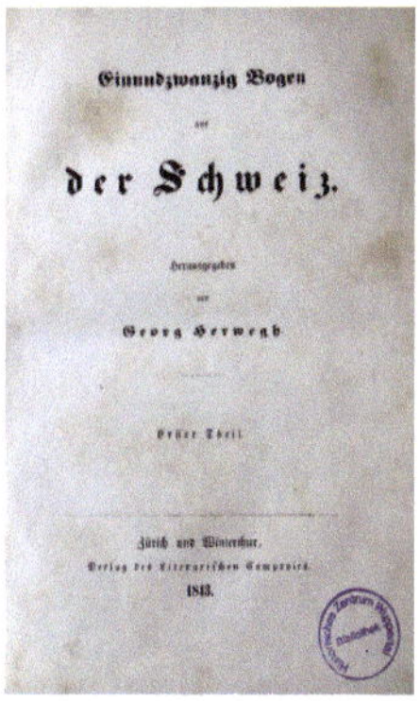

Einundzwanzig Bogen

der Schweiz.

Georg Herwegh

Erster Theil

Zürich und Winterthur,

Verlag des Literarischen Comptoirs.

1843.

In »Einundzwanzig Bogen aus der Schweiz« erschien 1843 Engels' Aufsatz (Historisches Zentrum Wuppertal).

Gemarker Kirche und die Barmer Stadtschule

Zwischen 1829 und 1834 besuchte Friedrich die *Barmer Stadtschule*. Eines der üblichen vier Schuljahre musste er wiederholen. Die Schule lag gleich neben der »Gemarker Kirche« und auf dem Grund der Kirchengemeinde. Ver-

Die »Höhere Stadtschule«, spätere Realschule, die Engels von 1829 bis 1834 besuchte. Sie lag auf der Höhne, früher Carlstraße, in Barmen (StAW).

mutlich in dieser Zeit lernte Friedrich die beiden Brüder Friedrich und Wilhelm Gräber kennen. Sie waren Söhne des Gemeindepfarrers von Gemarke. Pfarrer Franz Friedrich Graeber (1784-1857) war zugleich Superintendent des Kirchenkreises und Präses der Provinzsynode. Mit Friedrich und Wilhelm Graeber pflegte Friedrich Engels besonders während seines Aufenthalts in Bremen eine intensive Auseinandersetzung über Glaubensfragen. Die Briefe an die beiden Studenten der Theologie geben Friedrichs verzweifeltes Ringen um den Glauben wieder und lassen seine damalige geistig-philosophische Entwicklung erkennen. An Friedrich Graeber schrieb er etwa im April 1839: »Und das sage ich Dir, Fritz, so Du einmal Pastor wirst, Du magst so orthodox werden, wie Du willst, aber wirst Du mir ein Pietist, der aufs Junge Deutschland schimpft, die ›Evangelische Kirchen-Zeitung‹ zum Orakel nimmt, wahrlich, ich sage Dir, Du hast's mit mir zu tun. Du mußt Pastor werden zu Gemarke und den verdammten, schwindsüchtigen, ofenhöckerigen Pietismus wegjagen, den der Krummacher zur Blüte gebracht hat. Da werden sie Dich freilich einen Ketzer schelten, aber laß mal einen kommen und Dir aus Bibel oder Vernunft beweisen, daß Du unrecht hast.« (MEW Ergänzungsband, zweiter Teil: 366; zu Krummacher siehe den Abschnitt über die alte Reformierte Kirche weiter

Eine Gedenktafel an der Gemarker Kirche erinnert an die Reformierte Amtsschule (Reiner Rhefus).

unten) Die Kirche Gemarke (Baujahr 1721) wurde 1898 durch einen Neubau ersetzt. Durch die »Barmer Bekenntnissynode« (1934) und die damit verbundene Gründung der »Bekennenden Kirche« erhielt sie später einen Ruf in ganz Deutschland. An der Fassade erinnert heute eine Tafel an die Schule, die der junge Friedrich besuchte.

Die Gesellschaft Concordia

Doch Friedrichs Jugend war nicht nur von der Religiosität der Familie geprägt, Musik nahm ebenfalls einen großen Stellenwert ein. Der Vater spielte mehrere Musikinstrumente – Klavier, Fagott und Cello – und sorgte dafür, dass seine Kinder ebenfalls ein Instrument spielen lernten. Friedrich Engels sen. und sein Bruder August übernahmen zeitweise als »Direktoren« den Vorsitz in der *Concordia*, der bedeutendsten Bürgergesellschaft in Barmen. Hier traf sich alles, was Rang und Namen hatte. Ferdinand Freiligrath war in seinen Barmer Jahren Mitglied der *Concordia* genauso wie Carl Siebel und Emil Rittershaus. In dem prächtigen Gesellschaftshaus gab es Fest-, Vortrags- und Konzertsäle und man widmete sich den schönen Künsten. Hier

Das erste Haus der »Concordia«, in dem diese von 1818 bis 1897 ihren Sitz hatte. Friedrich Engels sen. war zeitweise Direktor der Gesellschaft (STAW).

Das barocke Portal des Hauses der Concordia im Jahr 2020. Der Neubau wurde 1896 bis 1900 von den Kölner Architekten Schreiterer und Below errichtet (Reiner Rhefus).

wurde Politik betrieben und man engagierte sich auch in christlicher Nächstenliebe für die unteren Gesellschaftsschichten. Der 19jährige Hermann Engels, ein jüngerer Bruder von Friedrich, schilderte einen *»Ball pare«* – Ball in festlicher Kleidung –, den die *Concordia* im Oktober 1840 anlässlich des Geburtstags des Königs ausrichtete. Das Fest wurde früh angekündigt, damit die Frauen ihre Kleider noch rechtzeitig bekamen, die man gewöhnlich in Paris bestellte. Die Männer trugen einen schwarzen Frack, Kniehosen mit seidenen Strümpfen und einen Klapphut. Man ließ sich mit der Kutsche vor das Gesellschaftshaus fahren, wo Bedienstete die Wagentüre öffneten. Nach den Reden und einem festlichen Mahl begann der Tanz, auf den gerade die jungen Leute besonders gewartet hatten.

Das Gesellschaftshaus der *Concordia* wurde 1818 am Werth, im Zentrum von Barmen, gleich gegenüber dem Wuppertaler Rathaus errichtet. 1861 und 1896 wurde es stark verändert und erweitert. Auch heute ist das Gebäude mit dem prächtigen Portal Sitz der 1801 gegründeten und noch bestehenden Gesellschaft.

Die Eisengießerei und Maschinenbauanstalt Johann Jacob Zuest & Co.

Die Maschinenfabrik Alb. Wever & Comp., vormals Johann Jacob Zuest & Co., 1856. Lithographie W. Riefenstahl 1856, Ausschnitt (Historisches Zentrum Wuppertal)

In der frühindustriellen Zeit lieferten in der Regel noch nicht die Dampfmaschinen, sondern das Wasser und die Wassergräben mit Mühlen die Antriebsenergie für die Maschinen und die Manufakturen. Der Barmer »Mühlgraben« zog sich über eine Länge von ca. zwei Kilometern parallel zur Wupper durch Barmen. An manchen Stellen, so auch *Auf der Corzert* an der heutigen

Links: Die massiv gemauerte Halle der Maschinenfabrik Alb. Wever & Comp; rechts: An einigen Stellen, wie hier an dem Standort der Maschinenfabrik, ist der alte Barmer Mühlgraben erhalten (Reiner Rhefus).

Schwebebahnstation *Loh*, sind noch Abschnitte des Mühlgrabens erhalten. Hier stehen auch noch zwei alte Fachwerkhäuser, in denen früher Mühlräder liefen, die von einem großen Mühlteich mit Wasser versorgt wurden. Um 1850 entstand daneben die massiv gemauerte Halle für eine Eisengießerei, wo Friedrich Engels sen. das riesige Wasserrad mit 6,40 Metern Durchmesser und einer Breite von 4,57 Metern fertigen ließ, das er für seine neue Fabrik in Engelskirchen benötigte. Die Fabrik lag an der Agger, deren Wasserkraft die Energie für die Baumwollspinnerei *Ermen & Engels* liefern sollte. Die teure Dampfmaschine sollte nur in speziellen Bereichen oder im Notfall, bei Eisgang oder Niedrigwasser, zum Einsatz kommen.

Die Eisengießerei *Johann Jacob Zuest & Co.* war eine der ersten Maschinenfabriken im Wuppertal und eine der frühen im Rheinland. Technische Kenntnisse über Maschinen waren für Unternehmer von enormer Bedeutung bei dem Aufbau ihrer Unternehmungen. So absolvierte Emil Engels (1828-1884), ein jüngerer Bruder Friedrichs, den ersten Teil seiner technischen Ausbildung in dieser Fabrik an der Wupper, den zweiten Teil in einer englischen Maschinenfabrik. Später wohnte Emil Engels in Engelskirchen und war für die technische Entwicklung der väterlichen Baumwollspinnerei zuständig. In dieser Funktion bat Emil seinen Bruder in Manchester öfter um detaillierte Beschreibungen von neuen englischen Maschinen. *Ermen & Engels* kaufte üblicherweise solche Maschinen in England. Mit seinem Bruder Emil fühlte sich Friedrich besonders verbunden. Besonders nach dem Tod des Vaters und den Verhandlungen um Friedrichs Stellung in der Fabrik in Manchester unterstützte Emil seinen älteren Bruder.

Engelskirchen: »eine der interessantesten Fabrikanlagen des Preußischen Staates«

In den Jahren 1837 bis 1851 entstanden die Hauptgebäude der Baumwollspinnerei und Nähgarnfabrik Ermen & Engels in Engelskirchen. Zunächst hatte Friedrich Engels sen. die moderne Fabrik in Barmen an der Wupper geplant. Doch ein Gelände am Ufer der Wupper, wo man einen zwei Kilometer langen Wassergraben hätte bauen müssen, um die Kraft von sechs Meter Flussgefälle zu nutzen, war in der Umgebung von Barmen nicht zu finden. So ließ Engels vom Barmer Stadtbaumeister Christian Heyden den langgestreckten Geschossbau an einer scharfen Biegung der Agger errichten. Im Zentrum des Baus lag das rückschlächtige Wasserrad, das »nach neusten englischen Prin-

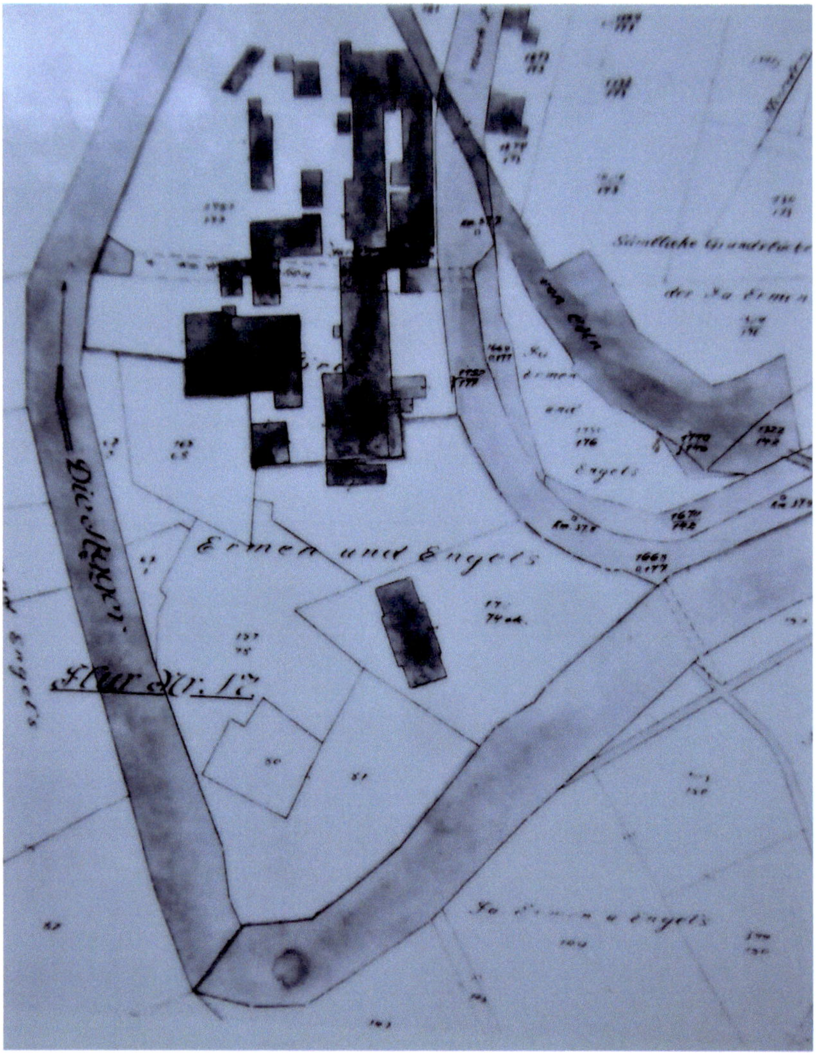

Der Katasterplan der Fabrik in Engelskirchen lässt die zentrale Rolle der Wasserkraft und erkennen. Das Gelände liegt in einem Flussbogen. Ein etwa zwei Kilometer langer Obergraben leitete das Wasser unter das Hauptgebäude der Spinnerei, wo im Untergeschoss das Wasserrad lief (Rheinisches Industriemuseum Engelskirchen).

Das Einlaufbecken der Fabrikanlage zeigt die Breite des Kanals, der das Wasser auf das fast fünf Meter breite Wasserrad führte (Reiner Rhefus).

zipien« konstruiert, bei voller Wasserkraft eine Leistung von 60 bis 80 Pferdestärken erreichen konnte. Über senkrechte Achsen – den »Königsstock« –, Zahnräder, lange Horizontalwellen und Treibriemen wurde die Kraft auf die Spinnmaschinen übertragen.

1843 startete die Produktion von hochwertigem festen Nähgarn. 1852 war die Zahl der Arbeiter auf 485 angewachsen, mehr als im heimischen Bruch arbeiteten. Einen vorläufigen Abschluss bildete die Fertigstellung des dreiflügeligen Herrenhauses mit dem von der Agger umgrenzten Park, für den man den bekannten Düsseldorfer Gartenarchitekten Joseph Clemens Weyhe engagierte. Ermen & Engels war mit seinem Teilhaber Peter Ermen und der Fabrik in Manchester ein deutsch-englisches Unternehmen. Friedrich Engels sen. nutzte modernste englische Technologie, um, wie er an den Finanzminister in Berlin schrieb, »eine der interessantesten Fabrikanlagen des Preußischen Staates« zu errichten.

Friedrich Engels jun. erlebte am Beispiel der väterlichen Betriebe aus nächster Nähe den Übergang von der noch handwerklich geprägten Manufakturperiode hin zur »modernen großen Industrie«. Noch während des Aufbaus der Fabrik beschrieb er diesen welthistorischen Umbruch im »Manifest der kommunistischen Partei«. Im »Kapital« analysierte Marx später die gesellschaftlichen Folgen dieser ökonomischen Umwälzung und entwickelte daraus eine neue Geschichtsphilosophie.

Konstruktionszeichnung eines rückschlächtigen Wasserrades englischer Bauart (William Fairbairn 1851)

Links: Historische Ansicht von Ermen & Engels: rechts das Kutscherhaus, links das Baumwolllager, dahinter die Spinnereigebäude. (Rheinisches Industriemuseum Engelskirchen); oben: Im ältesten Gebäudeteil, um 1843 errichtet von Christian Heyden, befindet sich heute das Rheinische Industriemuseum (Reiner Rhefus).

Jugendjahre in Elberfeld: Liebe zu Literatur, Karikaturen und Musik

Das Elberfelder Gymnasium

Seit 1834 besuchte Friedrich das Gymnasium in Elberfeld. Die Schule gehörte, so schrieb Engels selbst, zu den »anerkannt eins der besten im preußischen Staat« (MEW 1: 427). Um ihm einen täglichen Schulweg von mehreren Kilometern – über die Allee – zu ersparen, brachten ihn die Eltern dort als Pensionsschüler unter. Angeregt durch seine Lehrer, lernte Friedrich die Literatur lieben und hätte später gerne einen literarischen Beruf ergriffen. Nicht zuletzt um diese Neigung seines Sohnes nicht weiter zu fördern, nahm der Vater Friedrich schon vor dem Abitur von der Schule. Damit er auf die kaufmännische Tätigkeit im eigenen Betrieb vorbereitet wurde, sollte Engels in einem Bremer Handelshaus seine Ausbildung absolvieren. Doch auch von hier hielt er zum »Elberfelder Literaturkränzchen« Kontakt, das sich aus dem Kreis seiner Klassenkameraden entwickelt hatte, und verfasste Gedichte sowie – sehr erfolgreiche – Artikel und dramatische Texte.

Gymnasium in Elberfeld. In einem Seitenflügel wohnte Friedrich Engels als Pensionsschüler (Zeichnung StAW).

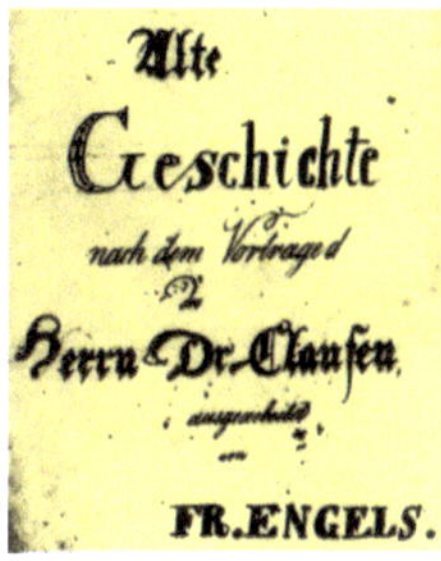

Eines von Engels' Schulheften – »Alte Geschichte« – blieb erhalten.

Und Engels liebte es, später seine Briefe an die Schwester Marie mit Zeichnungen zu versehen: »Du siehst, daß ich gemalt bin, als ich wütend war. Die Zigarre wollte nämlich nicht ziehen.« (An Marie Engels 6.-9.12.1840, MEW 41: 470) In einem früheren stellt er eine Szene an der Weser mit einem Fuhrmann, einem »Schlachtskaper« (Träger), einem Kahnschiffer und einem »Küper«, der eine Probe des Kaffees in der Hand hält, dar. (An Marie Engels 18./19.9.1840, MEW 41: 459) Auch die Briefe an Freunde in Elberfeld und Barmen illustrierte er zuweilen und hielt alltägliche Beobachtungen oder besondere Charaktere fest: »Meine Herren, hier sehen Sie moderne Charaktere und Zustände (...) Weltenschmerz, moderne Zerrissenheit, Frauenemanzipation, Kölner Wirren, Der noble moderne Materialismus, Emanzipation des Fleisches.« (An Friedrich Graeber 15.6.1839, MEW 41: 399)

Der Musiker Johannes Schornstein

Der Grabstein von Johannes Schornstein, dem Musiklehrer von Friedrich Engels, ist auf dem Friedhof an der Hochstraße erhalten. Johannes Schornstein (1789-1853) war Dirigent, Organist an der alten reformierten Kirche, Gründer und Leiter des Gesangsvereins von Elberfeld, und leistete als Gesangs- und Musiklehrer nicht nur bei der musikalischen Ausbildung seines Schülers Bemerkenswertes. In den Jahren nach seiner Schulentlassung begeisterte sich Friedrich etwa für Mozart und einige heute vergessene Komponisten und versuchte sich selbst an kleinen Kompositionen.

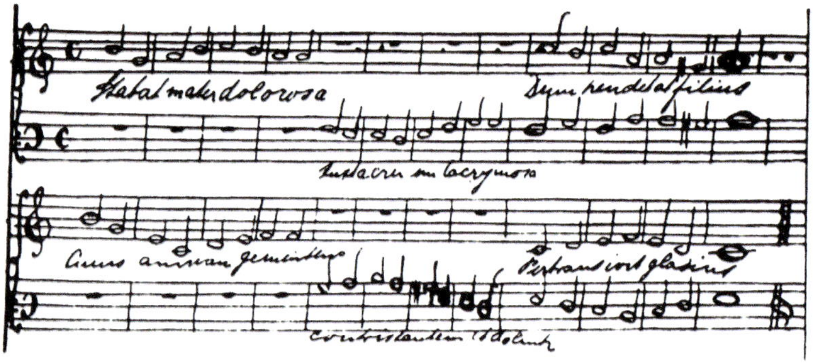

Ein Choral von Friedrich Engels, der dazu am 7.1. 1839 an seine Schwester Marie schrieb: »Hör einmal, das Komponieren, das ist eine schwere Sache, da muß man auf so vielerlei achtgeben, auf Harmonie der Akkorde und richtige Fortschreitung, das macht viel Mühe.« (MEW 41: 348)

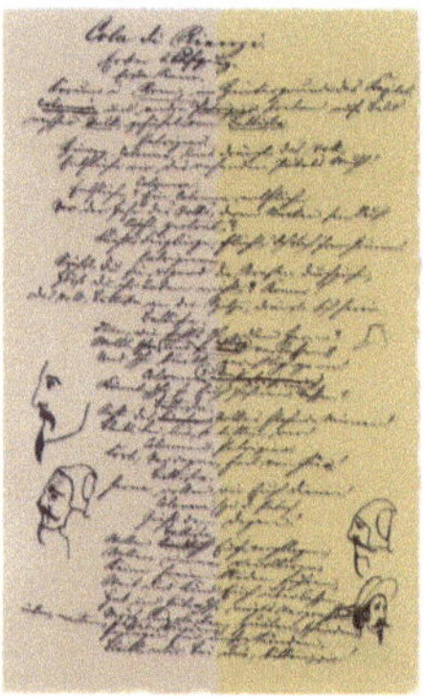

Im Nachlass von Adolf Schults fand sich das Libretto »Cola di Rienzi« aus der Feder von Friedrich Engels, das er vermutlich auf Wunsch seines Freundes Gustav Heuser (1817-1846) verfasst hatte und für dessen gleichnamige Oper gedacht war (StAW).

Johannes Schornstein war auch Gründer der »Niederrheinischen Musikfeste«, bei denen Engels in seiner Jugendzeit regelmäßig zu Gast war und über die er als junger Journalist begeistert im Mai 1842 in der *Rheinischen Zeitung* berichtete.

»Es gibt gewisse Zeiten im Jahre, wo den Rheinländer, der sich in der Fremde herumtreibt, eine ganz besondere Sehnsucht nach seiner schönen Heimat ergreift. Diese Sehnsucht stellt sich namentlich im Frühling, um die Pfingstzeit, die Zeit des rheinischen Musikfestes, ein und es ist ein ganz fatales Gefühl. (...) Bei diesem ewig heiteren Charakter der Rheinländer, bei einer so offenen unbefangenen Sorglosigkeit ist es gar nicht zu verwundern, daß auf dem Musikfeste fast alle mehr wollen als hören und sich hören lassen. Das ist eine Fröhlichkeit, ein bewegtes zwangloses Leben, eine Frische des Genusses, wie man sie anderswo lange suchen mag. Lauter heitere, wohlwollende Gesichter, Freundschaft und Herzlichkeit für alle, die an der allgemeinen Lust teilnehmen; wie Stunden verfliegen die drei Festtage unter Trinken, Singen und Scherzen. Und am Morgen des vierten Tages, wenn die ganze Freude genossen ist und geschieden werden muß, freut man sich schon wieder in der Hoffnung auf das nächste Jahr, verabredet sich darauf und jeder geht, noch immer heiter und neu belebt, seines Wegs und an sein alltäglich Werk.« (MEW 41: 255ff.)

Links: Grabstein von Johannes Schornstein, dem Musiklehrer von Friedrich Engels. Das Grab liegt auf dem ev.-reformierten Friedhof an der Hochstraße, Mittelfeld, Reihe 1-20 (Reiner Rhefus); rechts: Georg Weerth, später ein enger Freund von Friedrich Engels, lebte in den Jahren 1837 bis 1839 im Wuppertal (Daguerreotypie [Ausschnitt], um 1851/52).

Georg Weerth als Lehrling im »Wunderbau«

Zur der Zeit, als Friedrich in Bremen ab 1838 seine Ausbildung absolvierte, begann ein späterer Freund, der Pastorensohn Georg Weerth (1822-1856) aus Detmold, in einem Elberfelder Bank- und Seidenhandelshaus ebenfalls seine kaufmännische Ausbildung. Weerth kam in Barmen mit dem Dichter Ferdinand Freiligrath (1810-1876) in Kontakt. Alle drei, Engels, Weerth und Freiligrath, gehörten während der Revolution von 1848/49 zur Redaktion der *Neuen Rheinischen Zeitung* und wurden enge Freunde und politische Weggefährten. Das Haus, in dem Georg Weerth als Lehrling tätig war, ist erhalten: Die Unternehmung *Brink & Co.* hatte ihr Domizil im so genannten *Wunderbau*, in einem der bemerkenswertesten Gebäude des Tals. Das frühe Bankhaus aus dem Jahre 1754 hatte 45 Räume, darunter große Säle. Die Obergeschosse wurden im Krieg zerstört und abgetragen. Es liegt gegenüber der Schwebebahnstation *Landgericht* (Hofkamp 171).

Georg Weerth war für Engels der »erste Dichter des deutschen Proletariats«. Er hinterließ nach seinem frühen Tod bissige und amüsante Gedichte, Briefe und Feuilletontexte, einige davon mit Bezug auf das Wuppertal. So schildert Weerth die Einführung des Prinzipals (eines Herrn Preiss) gegenüber dem jugendlichen Lehrling am ersten Tag der Ausbildung:

Der »Wunderbau« heute. Er wurde 1754 errichtet und ist das älteste erhaltene profane Steinhaus im Wuppertal. Das Dachgeschoss wurde nach Kriegszerstörungen abgetragen (Reiner Rhefus).

»›Arbeiten Sie treulich von 7 Uhr morgens bis 9 Uhr abends, und gehen Sie endlich nach Hause und legen Sie sich zu Bette. Da lassen Sie alles, was Sie am Tage sahen und hörten, noch einmal an Ihrer Seele vorübergehen, Briefe und Wechsel, Dukaten und Krontaler, Geldsäcke und Kopierbücher, Kurse und Warenproben, Konkurrenten und Geschäftsfreunde, und stärken Sie sich hieraus zu neuer Tätigkeit durch einen kurzen, aber erquickenden Schlaf. (...) Vier Jahre lang werden Sie einstweilen bei mir bleiben, denn so lautet der Kontrakt, den ich mit Ihrem Vater geschlossen habe; diese vier Jahre werden Ihnen herumgehen wie ein Tag; denn keine Stunde sollen Sie müßig sein, und ich werde Ihnen genug zu tun geben. Hören Sie aufmerksam zu – *eines* befehle ich Ihnen vor allem, und ich will, dass Sie dieses *eine* halten sollen vor allem anderen – nämlich, was Sie auch hören und was Sie auch sehen werden auf meinem Comptoir oder auf meinem Lager – kurz, was Ihnen auch begegnet im ganzen Umkreis meines Geschäftes, erwähnen Sie davon nicht das geringste, sobald Sie die Schwelle meines Hauses verlassen haben! Verstehen Sie mich? – Stumm wie ein Fisch!‹

›Stumm wie ein Grab!‹, flüsterte der erschrockene Lehrling; er atmete tief auf, und seine unschuldigen Augen neigten sich vor den Flammenblicken des gewaltigen Prinzipals.

Während der Konversation des Herrn Preiss und des Lehrlings waren die übrigen Arbeiter ins Comptoir getreten und hatten sich lautlos an ihre Plätze gesetzt. Eine Totenstille entstand in dem mystischen Raume, und man hörte bald nur noch das Kritzeln der Federn, die in geschäftiger Eile über das Papier tanzten.« (Weerth 1963: 14f.)

Am Hofkamp, nahe der Lucasstraße, lag der Verlag Samuel Lucas, in dem die Elberfelder Zeitung erschien (Zeichnung: Werbung Verlag Samuel Lucas, in: Huttel 1985).

»Elberfelder Zeitung« und die »Briefe aus dem Wupperthal«

Die Lucasstraße in Elberfeld erinnert an den dort ansässigen Verlag Samuel Lucas und die von ihm seit 1834 herausgegebene *Elberfelder Zeitung*. Sie gehörte schon in den 1840er Jahren zu den renommierten Zeitungen im Rheinland und war die bedeutendste im Wuppertal. Im April 1839 berichtete der Leiter der Zeitung, Dr. Runkel, über einen Skandal. Im *Telegraph für Deutschland*, einem kleinen Publikationsorgan, das aber zu den einflussreichsten in Deutschland zählte, waren auf der Titelseite die »Briefe aus dem Wupperthal« erschienen, in denen ein offensichtlich exzellenter Kenner der lokalen Verhältnisse über die beiden Städte Elberfeld und Barmen, ihr Bürgertum und seine Gesellschaften, die politischen und religiösen Verhältnisse, die Zeitungen, das Bildungswesen, die Literaturszene und nicht zuletzt über die himmelschreienden sozialen Verhältnisse berichtete. Lehrer, Pfarrer, Bürgermeister wurden namentlich genannt, charakterisiert und gelobt oder kritisiert.

Telegraph
für
Deutschland.
1839. März. № 49.
Briefe aus dem Wupperthal.

Im »Telegraph für Deutschland« erschienen Engels' »Briefe aus dem Wupperthal« im März 1839 unter Pseudonym.

Die ironische Kritik wurde in den Städten, die über einen ausgezeichneten Ruf verfügten – man sprach vom »gesegneten Wuppertal« – als empörend empfunden. Die »Briefe« stammten von einem gewissen Friedrich Oswald, den niemand kannte – offensichtlich ein Pseudonym. Man stellte Vermutungen über den Autor an und hatte etwa Dr. Clausen in Verdacht, den Literaturlehrer am Gymnasium, der auch Friedrich Engels unterrichtet hatte. Als einige Tage später ein Brief des anonymen Autors bei der »Elberfelder« einging, in dem dieser verlangte, man möge ihm doch nur eine einzige offensichtliche Unwahrheit nachweisen, war die Redaktion immerhin bereit, den Brief samt einer Entgegnung in der Zeitung abzudrucken. Wiederum einige Tage später erfuhren wenigstens die Freunde von Friedrich Engels, wer der Autor war. Die »Briefe aus dem Wuppertal« (MEW 1: 413-432) waren seine ersten Aufsehen erregenden Schriften und können bis heute sowohl als historisches Zeugnis, als frühe Sozialskizze, als auch als witzig-polemische Streitschrift gelesen werden.

Die alte Reformierte Kirche und Friedrich Wilhelm Krummacher

Der reformierten Gemeinde in Elberfeld gehörte bis zur Gründung der eigenen Kirchengemeinde in Unterbarmen (1822) auch der Großvater von Friedrich Engels an, er war sogar einer der einflussreichen Presbyter,[6] die die Wahl der Pastoren vornahmen. Für den jungen Engels war diese Gemeinde der »eigentliche Mittelpunkt alles Pietismus und Mystizismus« (ebd.: 419). »Von jeher zeichnete sie sich durch streng calvinistischen Geist aus, der in den letzten Jahren durch die Anstellung der bigottesten Prediger – jetzt wirtschaften ihrer viere zugleich dort – zur schroffsten Intoleranz geworden ist und dem papistischen Sinn wenig nachsteht. (...) bald war der Mystizismus in der schönsten Blüte«, (ebd.: 419f.) schrieb er in seinen »Briefen aus dem Wupperthal«.

[6] Protestantische Reformbewegungen, denen Engels äußerst kritisch gegenüberstand.

Friedrich Wilhelm Krummacher (Huttel 1985: 674, StAW)

Seit 1835, als Friedrich ans Gymnasium nach Elberfeld gewechselt hatte, predigte dort Friedrich Wilhelm Krummacher (1796-1868), der zuvor das Pfarramt an der reformierten Gemeinde Gemarke in Barmen innehatte. Krummacher gehörte zu den einflussreichen Theologen in Preußen. Während seiner Zeit in Bremen schrieb Engels über einen Kirchenstreit, den Krummacher dort mit einer Predigt ausgelöst hatte. Die Faszination und der Schrecken, die von dessen Predigten ausgingen, ließen auch den jungen Friedrich nicht unberührt: »Krummacher ist unleugbar ein Mann von ausgezeichnetem rhetorischen, auch poetischen Talent; seine Predigten sind nie langweilig, ihr Zusammenhang ist sicher und natürlich; vorzüglich stark ist er in dunkelschattigen Schilderungen. (...) Seine Deklamation ist stellenweise sehr gut und seine gewaltsame, handgreifliche Gestikulation oft ganz passend angebracht; zuweilen aber über alle Begriffe manieriert und abgeschmackt. Dann rennt er in allen Richtungen auf der Kanzel umher, beugt sich nach allen Seiten, schlägt auf den Rand, stampft wie ein Schlachtroß und schreit dazu, daß die Fenster klirren und die Leute auf der Straße zusammenfahren. Da beginnen denn die Zuhörer zu schluchzen; zuerst weinen die jungen Mädchen, die alten Weiber fallen mit einem herzzerschneidenden Sopran ein, die entnervten Branntweinpietisten, denen seine Worte durch Mark und Bein gehen würden, wenn sie noch Mark in den Knochen hätten, vollenden

Die Reformierte Kirche stand damals im Mittelpunkt der Stadt. Heute ist hier ein Café eingerichtet (Reiner Rhefus).

die Dissonanz mit ihren Jammertönen, und dazwischen tönt seine gewaltige Stimme durch all das Heulen hin, mit der er der ganzen Versammlung unzählige Verdammungsurteile oder diabolische Szenen vormalt.« (ebd.: 421f.)

In den 2010er Jahren wurde die Reformierte Kirche zu einem innerstädtischen Begegnungszentrum mit Café und Vortragssaal umgebaut. Während des Engels-Jubiläumsjahres 2020 referieren hier Forscher der Bergischen Universität zu Friedrich Engels, etwa zu dessen ökonomischem Denken oder zu seinen Anstößen in Bezug auf die Geschlechterverhältnisse. Dass die Vorträge in der Kirche, die Engels in seiner Zeit ganz mit dem Prediger Krummacher in Verbindung brachte, nun »ganz im Zeichen von Friedrich Engels« (Westdeutsche Zeitung 22.1.2020) stehen, hätte er sich mit Sicherheit nicht vorstellen können.

Ferdinand Freiligrath in Barmen

Ferdinand Freiligrath um 1841

Ferdinand Freiligrath aus Detmold hatte in den Jahren 1837 bis 1839 eine Anstellung als Kontorist im Großhandelshaus J.P. von Eynern in Barmen und mietete eine Wohnung im Haus des Verlegers Wilhelm Langewiesche. Freiligrath hatte sich schon einen Ruf als Dichter erworben und um ihn sammelte sich bald ein Literaturkreis, das »Freiligrath-Kränzchen«.

Zu diesem Kränzchen gehörten neben Wilhelm Langewiesche der spätere Schwager von Friedrich Engels, Friedrich Wilhelm Boelling, und seine späteren politischen Gefährten Heinrich Zulauff, Georg Weerth und Hermann Püttmann.

Auch der Düsseldorfer Dichter Karl Immermann kam gelegentlich. Er schloss Freundschaft mit Freiligrath und ermunterte ihn, den Kaufmannsberuf aufzugeben und sich ganz der Poesie zu widmen. Engels, der das Geschehen aus Bremen verfolgte, berichtete: »Als er nach Barmen kam, wurde er von diesem grünen Adel (so nennt er das junge Kaufmannsvolk) mit Besuchen überhäuft; bald aber hatte er ihren Geist erkannt und zog sich zurück; aber sie verfolgten ihn, lobten seine Gedichte und seinen Wein und strebten mit aller Gewalt danach, mit einem Brüderschaft zu trinken, der etwas hatte drucken lassen; denn diesen Menschen ist ein Dichter nichts, aber ein Schriftsteller alles.« (MEW 1: 428f.)

Friedrichs Freund Adolf Schults hingegen war ganz enthusiastisch. Im *Stuttgarter Morgenblatt für gebildete Leser* schrieb er vom »Jungen Elberfeld« – eine Anspielung auf das »Junge Deutschland«, dem so bekannte Dichter wie Heinrich Heine angehörten.

Ferdinand Freiligrath, Zeichnung in: Der Wahre Jacob, Nr. 226 (Mai 1883)

Auch Engels ließ sich in einer längeren Passage anerkennend über Freiligrath aus. »Über seine dichterischen Leistungen zu sprechen, wäre sehr überflüssig« (ebd.: 429), doch eine literarische Blüte mochte er im Wuppertal nicht erkennen: »Die ganze Gegend liegt von einem Meer von Pietismus und Philisterei überschwemmt, und was daraus hervorragt, sind keine schönen blumenreichen Eilande, nur dürre nackte Klippen oder lange Sandbänke, und Freiligrath irrt dazwischen umher wie ein verschlagener Schiffer.« (Ebd.: 432)

Freiligrath wird diesem Urteil vielleicht beigepflichtet haben, denn er sagte schließlich über das Wuppertal: »Hier werden die Musen nicht heimisch, ich gehe!« 1839 verließ er das Tal, zog nach Unkel an den Rhein, gab den Kaufmannsberuf auf und widmete sich allein der Poesie. 1847 trat er dem »Bund der Kommunisten« bei, entwickelte sich in Düsseldorf zum »Trompeter der Revolution« und wurde im Oktober 1848 von Marx in die Redaktion der »Neuen Rheinischen Zeitung« gerufen. 1912 wurde an dem ehemaligen Wohnhaus in Barmen – dem Haus Zähringerstraße 4 – eine Plakette angebracht. In den 1920er Jahren galt es als eine der Sehenswürdigkeiten der Stadt.

1912 wurde am Haus Lutherische Kirchstraße 4 (heute Zähringerstraße), in dem Freiligrath wohnte, eine Gedenktafel (von Wilhelm Giesecke) angebracht. Bis zu seiner Zerstörung 1943 galt das Haus als touristische Attraktion. 1935 wurde auch eine Straße in Barmen nach dem Dichter benannt (Abb. aus BZ 22.6.1935, in: Meyer-Kahrweg 1991).

Hermann Püttmann – Redakteur der »Barmer Zeitung«

Der aus Elberfeld stammende Hermann Püttmann (1811-1874) spielte für die Frühsozialisten im Rheinland eine besondere Rolle. Püttmann war an der Hofaue geboren und hatte 1939 als Redakteur zur »Barmer Zeitung« gewechselt. Engels schrieb damals: »Die ›Barmer Zeitung‹, deren Verleger, Redakteure und Zensoren häufig wechselten, steht jetzt unter der Leitung von

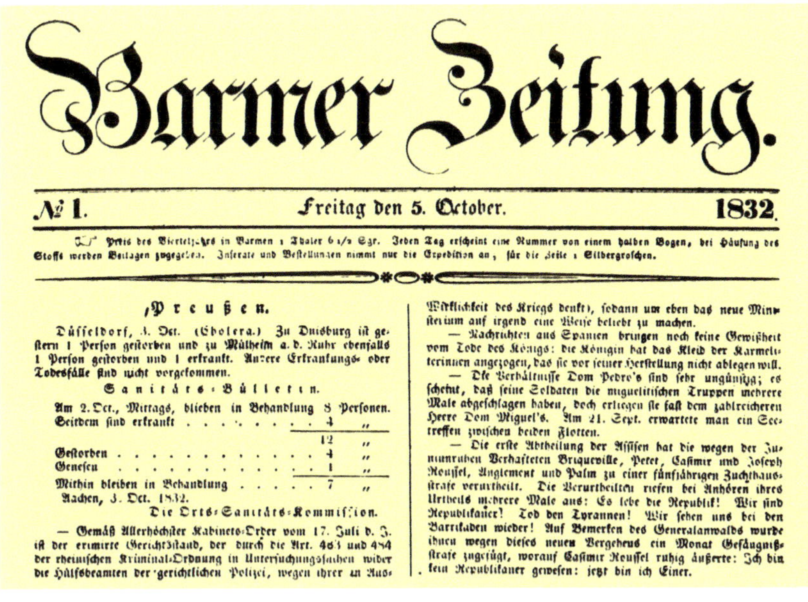

Barmer Zeitung.

№ 1. Freitag den 5. October. 1832.

Preis des Vierteljahrs in Barmen 1 Thaler 6 1/2 Sgr. Jeden Tag erscheint eine Nummer von einem halben Bogen, bei Häufung des Stoffs werden Beilagen zugegeben. Inserate und Bestellungen nimmt nur die Expedition an, für die Zeile 1 Silbergroschen.

Preußen.

Düsseldorf, 3. Oct. (Cholera.) Zu Duisburg ist gestern 1 Person gestorben und zu Mülheim a. d. Ruhr ebenfalls 1 Person gestorben und 1 erkrankt. Andere Erkrankungs- oder Todesfälle sind nicht vorgekommen.

Sanitäts-Bülletin.

Am 2. Oct., Mittags, blieben in Behandlung 8 Personen.
Seitdem sind erkrankt . . . . 4 „
12 „
Gestorben . . . . 4 „
Genesen . . . . 1 „
Mithin bleiben in Behandlung . . . . . . 7 „
Aachen, 3. Oct. 1832.
Die Orts-Sanitäts-Kommission.

— Gemäß Allerhöchster Kabinets-Order vom 17. Juli d. J. ist der eximirte Gerichtsstand, der durch die Art. 483 und 484 der rheinischen Kriminal-Ordnung in Untersuchungssachen wider die Hülfsbeamten der gerichtlichen Polizei, wegen ihrer an Aus-

Wirklichkeit des Kriegs denkt), sodann um eben das neue Ministerium auf irgend eine Weise beliebt zu machen.

— Nachrichten aus Spanien bringen noch keine Gewißheit vom Tode des Königs: die Königin hat das Kleid der Karmeliterinnen angezogen, das sie vor seiner Herstellung nicht ablegen will.

— Die Verhältnisse Dom Pedro's sind sehr ungünstig; es scheint, daß seine Soldaten die miguelitischen Truppen mehrere Male abgeschlagen haben, doch erliegen sie fast dem zahlreicheren Heere Dom Miguel's. Am 21. Sept. erwartete man ein Seetreffen zwischen beiden Flotten.

— Die erste Abtheilung der Assisen hat die wegen der Juniunruhen Verhafteten Briqueville, Peter, Casimir und Joseph Roussel, Anglement und Palm zu einer fünfjährigen Zuchthausstrafe verurtheilt. Die Verurtheilten riefen bei Anhören ihres Urtheils mehrere Male aus: Es lebe die Republik! Wir sind Republikaner! Tod den Tyrannen! Wir sehen uns bei den Barrikaden wieder! Auf Bemerken des Generalanwalds wurde ihnen wegen dieses neuen Vergehens ein Monat Gefängnißstrafe zugefügt, worauf Casimir Roussel ruhig äußerte: Ich bin kein Republikaner gewesen: jetzt bin ich Einer.

Die »Barmer Zeitung«, ein Blatt mit liberaler Haltung, hatte erhebliche Probleme mit der Zensur (Stadtbibliothek Wuppertal).

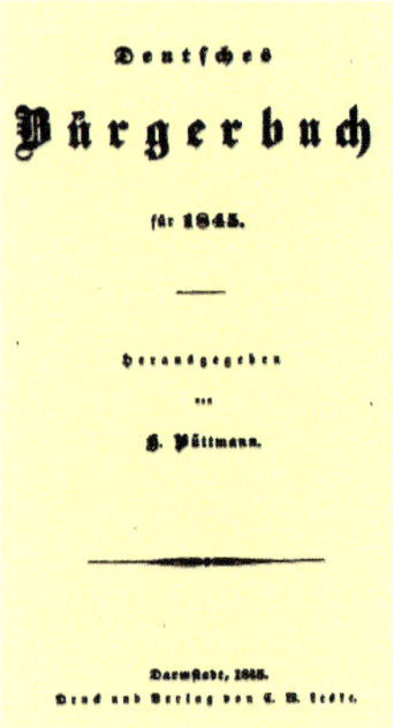
Deutsches

Bürgerbuch

für 1845.

H. Püttmann.

Darmstadt, 1845.

Um das von Püttmann herausgegebene »Deutsche Bürgerbuch« (hier für das Jahr 1845) sammelten sich die ersten Sozialisten des Rheinlandes. Hier erschienen sozialkritische Reportagen, Aufsätze und Gedichte u.a. von Ferdinand Freiligrath, Georg Weerth, Moses Heß, Otto von Wenckstern, Friedrich Engels und Hermann Püttmann selbst. Die meisten dieser Autoren hatten enge Bezüge ins Wuppertal.

H. Püttmann, der zuweilen in der ›Abendzeitung‹ rezensierend auftritt. Er möchte die Zeitung wohl gerne heben, aber durch des Verlegers wohlbegründete Kargheit sind ihm die Hände gebunden. Das Feuilleton mit einigen seiner Gedichte, Rezensionen oder Auszügen aus größeren Schriften angefüllt, tut's auch nicht.« (Ebd.: 430)

Hermann Püttmann gehörte zum Literatenkreis um Freiligrath und verfasste ebenfalls Gedichte. Hier entstand wohl auch die Freundschaft zu dem elf Jahre jüngeren Georg Weerth, dessen poetisches Talent Püttmann entdeckte und förderte. Als Püttmann als Feuilleton-Redakteur der *Kölnischen Zeitung* nach Köln ging, verschaffte er dann Georg Weerth erste literarische Publikationsmöglichkeiten. Seit dieser Zeit (1840) stand auch Engels mit Püttmann in direktem Kontakt. In Köln stieß Püttmann auf Moses Hess und wurde schließlich einer der wichtigen Publizisten der rheinischen Frühsozialisten. Auch Engels' Aufsätze erschienen in Püttmanns Jahrbüchern und Zeitschriften. Eines seiner Bücher – »Kunstschätze und Baudenkmäler am Rhein« – widmete Püttmann »seinem lieben Freunde Georg Weerth«. Weerth schrieb am 18.4.1843 an seinen Bruder Wilhelm über seinen Förderer: »Die Redlichkeit dieses Mannes geht ins Aschgraue, und sooft ich andere Leute kennenlerne, so komme ich doch immer wieder auf meinen alten Republikaner zurück. Was er mir schon im Leben genutzt hat, kann ich ihm nicht vergelten. Das wünsche ich einem jeden, daß er in seinem sechzehnten Jahre ihn zum Freunde erhalte. Ich hatte das Glück!« (Weerth, Briefe I: 181)

Püttmann gab während der Revolution von 1848/49 im Wuppertal die erste sozialdemokratische Zeitung – *Der Volksmann* – heraus. Auch war er 1851 Begründer der ersten ständigen Kunstausstellung im Wuppertal – im Haus der Gesellschaft »Casino« – und ging 1854 nach Australien, wo er noch heute als erfolgreicher Begründer der dortigen deutschsprachigen Presse gilt.

Die Allee zur Jugendzeit Engels'

Die heutige Friedrich-Engels-Allee gehörte in der Jugendzeit Friedrich Engels' zu den Straßen, auf die die Stadtväter stolz waren. Sie war eine Hauptverbindungsstraßen – die Provinzialstraße zwischen Düsseldorf und Dortmund –, und der Abschnitt zwischen der Haspeler Brücke und Barmen war mit finanziellen Zuwendungen Barmer Bürger als fünfspurige baumbestandene Prachtallee angelegt worden. Engels schrieb mit Barmer Stolz: »Sowie die [Haspeler – RR] Brücke passiert ist, nimmt alles einen freundlicheren Charakter an; große, massive Häuser in geschmackvoller, moderner Bauart vertreten die Stelle jener mittelmäßigen Elberfelder Gebäude, die weder altmodisch noch modern, weder schön noch karikiert sind; überall entstehen neue, steinerne Häuser, das Pflaster hört auf, und ein grader chaussierter Weg, an beiden Seiten bebaut, setzt die Straße fort. Zwischen den Häu-

Die Allee, Fotografie um 1890 (StAW)

sern sieht man auf die grünen Bleichen; die hier noch klare Wupper, und die sich dicht herandrängenden Berge, welche durch leicht geschwungene Umrisse und durch mannigfaltige Abwechslung von Wäldern, Wiesen und Gärten, aus denen überall rote Dächer hervorschauen, die Gegend immer anmutiger machen, je weiter man kommt.« (MEW 1: 414)

Friedrich Engels kannte diese Straße sehr gut, denn für einige Jahre war sie sein Schulweg – und in Elberfeld wohnten die meisten seiner Freunde. 1838 nahm an der Allee auch Georg Weerth Quartier, der am 1. Juli an seinen Bruder Wilhelm über sein neu bezogenes Zimmer schrieb: »(W)enn man sich vorn zum Fenster hinausbiegt, durchsieht (man) die ganze Länge der schönen Barmer Kunststraße, einer Brunnen-Allee ähnlich, denn an beiden Seiten verbreiten ziemlich hohe und starke Linden einen angenehmen Schatten. Vom frühen Morgen bis tief in die Nacht wogt die geschäftige Menschenmasse in ihr auf und ab. – Links sieht man von Elberfeld den stärksten Strom heranwallen, elegante Wagen, Reiter, Karren kommen in buntem Gemisch daher gezogen. Rechts fährt der märkische Bauer seine Kohlen heran, vor uns hängt der Färber seine in allen Farben schillernde Wolle zum Trocknen auf, und hinter uns hört man unaufhörlich den kräftigen Hammer manches weithergekommenen Arbeiters, der unermüdlich das größte Werk, die Eisenbahn, zu entstehen helfen sucht.« (Weerth 1975: 41) Sicherlich hat Friedrich Engels nicht geahnt, dass die Straße zu seinem 125. Geburtstag seinen Namen erhalten und anlässlich seines 150. Geburtstags – am 28.11.1970

Das Haus Friedrich-Engels-Allee 182 (Baujahr 1811) ist eines der ältesten Häuser an der Straße. Auch die »Gaststätte Kölsch«, heute »Alleestübchen«, befand sich seit seiner Errichtung dort (Reiner Rhefus).

– eine Fackeldemonstration über die Allee zum Friedrich-Engels-Gedenkstein im Engelsgarten ziehen würde.

Schändlich schlechtes Wetter und das Kneipenleben

Im westlichen Teil der Friedrich-Engels-Allee sind noch einige Häuser aus der Jugendzeit von Friedrich Engels erhalten, darunter die alte *Gaststätte Kölsch*, heute das »Alleestübchen«. Das alte Fachwerkhaus mit der zweigeteilten Haustüre ist schon 1808 errichtet und 1811, wegen des Baus der Allee, transloziert worden. An der Einmündung der Oberbergischen Straße – der heutigen Heinz-Kluncker-Straße – gab es mehrere Fuhrmanns- und Bandweberkneipen, aber auch Hotels. Allein die Brauerfamilie Kölsch betrieb hier drei Gasthäuser.

In den Kneipen trafen sich die Weber am Liefertag, wenn sie ihre fertigen Bänder bei den Fabrikanten im Tal ablieferten. Engels beschrieb das Kneipenleben und die Trunksucht in den ärmeren Volksschichten: »Alle Kneipen sind, besonders Sonnabend und Sonntag, überfüllt, und abends um elf Uhr, wenn sie geschlossen werden, entströmen ihnen die Betrunkenen und schlafen ihren Rausch meistens im Chausseegraben aus. (...) Die Gründe dieses Treibens liegen auf der Hand. Zuvörderst trägt das Fabrikarbeiten sehr viel dazu bei. Das Arbeiten in den niedrigen Räumen, wo die Leute mehr Kohlendampf und Staub einatmen als Sauerstoff, und das meistens schon von ihrem sechsten Jahre an, ist grade dazu gemacht, ihnen alle Kraft und Lebenslust zu rauben. Die Weber, die einzelne Stühle in ihren Häusern haben, sitzen vom Morgen bis in die Nacht gebückt dabei und lassen sich vom heißen Ofen das Rückenmark ausdörren. Was von diesen Leuten dem Mystizismus nicht in die Hände gerät, verfällt ins Branntweintrinken.« (MEW 1: 417)

Doch ein guter Wein, ein frisches Bier gehörten für Engels zum Lebensglück. Das kommt auch in dem launigen Brief vom verregneten Sommer 1841 zum Ausdruck. Er schrieb aus Barmen an seine Schwester in Mannheim: »hier fällt nichts vor. Hochzeiten, Visiten, ei nun, da geh' ich hin, eß' und trink', und hintennach einen langen Klatsch drüber halten, das ist doch unmöglich für mich. Dergleichen bist du auch nicht von mir gewohnt. Ich sitze jetzt den ganzen Tag oben auf meiner Stube, lese und rauche wie ein Dampfmaschinenschornstein, fechte daß die Klingen bersten, und amüsiere mich so gut wie möglich. Das schändlich schlechte Wetter bringt mich fast zum Verzweifeln, man kann nicht nach Elberfeld gehen, ohne zu riskieren, dreimal durch naß zu werden. Unglücklicherweise gibt es zwischen hier und Elberfeld auch nur eine Station, wohin man retirieren kann, wenn's zu arg wird, nämlich die Bierkirche. Und da kost' das Glas Bier noch dazu 2 Silbergroschen. Im Übrigen geht nichts vor sich, sondern alles hinter sich.« MEW 41: 487) Ob seine »Bierkirche« mit der Gaststätte Kölsch identisch ist, wissen wir nicht.

Bereits in Bremen pries Engels das Lebensglück im dortigen Ratskeller, wie er Wilhelm Graeber im November 1839 wissen ließ (MEW 41: 433).

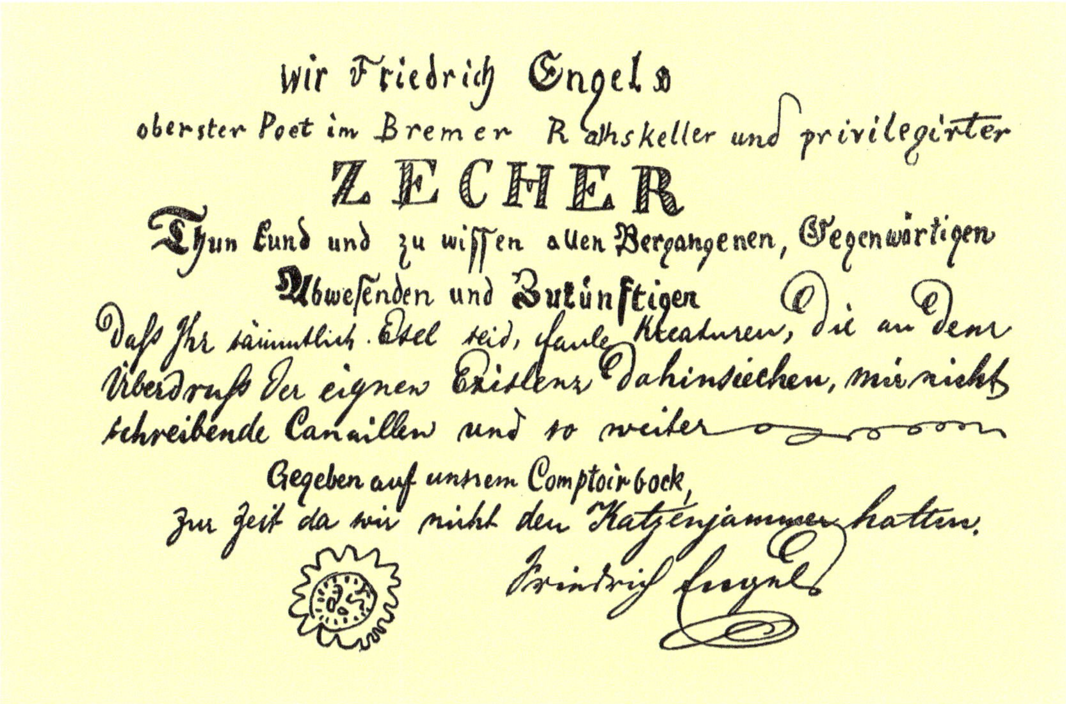

Wir Friedrich Engels
oberster Poet im Bremer Rathskeller und privilegirter
ZECHER
Thun kund und zu wissen allen Vergangenen, Gegenwärtigen
Abwesenden und Zukünftigen
Daß Ihr sämmtlich Esel seid, faule Kreaturen, die an dem
Überdruß der eignen Existenz dahinsiechen, mir nicht
schreibende Canaillen und so weiter
Gegeben auf unserm Comptoirbock,
zur Zeit da wir nicht den Katzenjammer hatten.
Friedrich Engels

1846. April.

Monatlich erscheint ein Heft. Der Preis des Jahrgangs von zwölf Heften ist in allen Buchhandlungen nur 2 Thlr., bei den preußischen Postämtern 2 Thlr. 10 Sgr. — ☞ Einzelne Hefte sind à 7 ½ Sgr. in allen Buchhandlungen zu haben.

Die »kommunistischen Versammlungen« und der »Gesellschaftsspiegel«

Der bayrische Bierwirt Meyer

Als Friedrich Engels 1844 von einem knapp zweijährigen Aufenthalt in England und Manchester wieder ins Wuppertal kam, war er beeindruckt von den Veränderungen in der Stadt. Er schrieb an seinen Freund Karl Marx: »Seit ich fort war, hat das Wuppertal einen größeren Fortschritt in jeder Beziehung gemacht als in den letzten fünfzig Jahren. Der soziale Ton ist zivilisierter geworden, die Teilnahme an der Politik, die Oppositionsmacherei ist allgemein, die Industrie hat rasende Fortschritte gemacht, neue Stadtviertel sind gebaut, ganze Wälder ausgerottet worden, und das ganze Ding steht jetzt doch eher über als unter dem Niveau der deutschen Zivilisation, während es noch vor vier Jahren tief darunter stand.« (MEW 27: 6)

Links: »Gesellschaftsspiegel – Organ zur Vertretung der besitzlosen Volksklassen und zur Beleuchtung der gesellschaftlichen Zustände der Gegenwart«. Das Titelbild mit der Göttin Justitia zeichnete Richard Seel (siehe Seite 61) (StAW).

Friedrich gehörte mittlerweile selbst zu den »Oppositionsmachern« und baute unverzüglich ein kommunistisches Netzwerk auf, wie er an Marx am 20. Januar 1845 schreibt: »Was mir einen aparten Spaß macht, ist diese Einbürgerung der kommunistischen Literatur in Deutschland (...). Zeitungen, Wochenblätter, Monats- und Vierteljahrsschriften und eine heranrückende Reserve von schwerem Geschütz ist alles in bester Ordnung. Es ist doch verflucht rasch gegangen! Die Propaganda unterderhand war auch nicht ohne Früchte – jedesmal, wenn ich nach Köln, jedesmal, wenn ich hier in eine Kneipe komme, neue Fortschritte, neue Proselyten.« (Ebd: 15)[7]

[7] Proselyt: Neubekehrter, ursprünglich Hinwendung anderer Völker zum Judentum.

Über die in Preußen verbotene Zeitschrift *Vorwärts*, an der er selbst und Karl Marx mitwirkten, schrieb er an Marx: »(...) laß die Expedition Probeexemplare schicken: nach Elberfeld an: Richard Roth, Wilhelm Blank-Hauptmann junior, F.W. Strücker, bayerisch Bierwirt Meyer in der Funkenstraße (kommunistische Kneipe), und zwar alle durch den kommunistischen Buchhändler Baedeker daselbst und kuvertiert. Wenn die Kerls sehen, daß Exemplare herüberkommen, so werden sie auch bestellen.« (Ebd.: 7)

Ganz ungefährlich waren diese Aktivitäten nicht: »(...) wie die Sachen hier stehen, kann es dem Gesindel [gemeint war die Polizei – RR] alle Tage einfallen, unsereins zu molestieren« (ebd.: 14), schrieb er im Januar 1845 an Marx. Die erwähnte Kneipe in der Funkenstraße lag in einem engen Gewirr

Paris, 1844. Nr. 70

Vorwärts!

Pariser Deutsche Zeitschrift.

(Sonnabend.) (31. August)

Die Lage Englands.

Feuilleton des Vorwärts.

Paris, 1844. Nr. 46

Vorwärts!

Pariser Deutsche Zeitschrift.

(Mittwoch.) (10. Juli.)

Prostitution und Literatur.

Feuilleton des Vorwärts.

Die armen Weber.

Zwei Ausgaben des »Vorwärts! – Pariser Deutsche Zeitschrift«. Das Wochenblatt wurde illegal in Elberfeld verbreitet. Links das Titelblatt vom 31.8.1844 mit Engels' Artikel »Die Lage Englands«, rechts das vom 10.6.1844 mit dem Gedicht »Die armen Weber« von Heinrich Heine, übersetzt von Engels.

von schmalen Gassen am Anfang der Gathe – heute ist dort das Saturn-Kaufhaus. In den Kneipen dieses Quartiers verkehrten die Leute, die im Elendsviertel der Stadt wohnten, in der Gathe, und sie hatten vermutlich über Jahrzehnte einen schlechten Ruf.

Als 1863 Ferdinand Lassalle, der Gründer des Allgemeinen Deutschen Arbeitervereins (ADAV), nach Elberfeld kam und am Bahnhof von mehreren tausend Arbeitern begrüßt wurde, nahm er anschließend Quartier in einer Kneipe in der Funkenstraße. Stefan Heym legt in seinem Roman »Lassalle« dem Wirt und Leiter des örtlichen Arbeitervereins, Hugo Hillmann, die Worte in den Mund: »Das ist die Erfüllung meines größten Wunsches, die Revolution betritt mein Haus.« (Heym 1979: 209)

Heines »Die armen Weber« – übersetzt von Friedrich Engels

Unter dem Titel »Die armen Weber« erschien im Juli 1844, wenige Wochen nach dem Aufstand der Weber in drei Dörfern des Riesengebirges, im Pariser *Vorwärts* das Gedicht von Heinrich Heine. Es wurde umgehend verboten und doch auf Flugblättern verbreitet. Die Lage der Weber im Wuppertal war

Im düstern Auge keine Träne
Sie sitzen am Webstuhl und fletschen die Zähne:
Deutschland, wir weben dein Leichentuch,
Wir weben hinein den dreifachen Fluch –
Wir weben, wir weben!

Ein Fluch dem Gotte, zu dem wir gebeten
In Winterskälte und Hungersnöthen;
Wir haben vergebens gehofft und geharrt -
Er hat uns geäfft, gefoppt und genarrt –
Wir weben, wir weben!

Ein Fluch dem König, dem König der Reichen,
Den unser Elend nicht konnte erweichen,
Der den letzten Groschen von uns erpreßt,
Und uns wie Hunde erschießen läßt -
Wir weben, wir weben!

Ein Fluch dem falschen Vaterlande,
Wo nur gedeihen Schmach und Schande,
Wo jede Blume früh geknickt,
Wo Fäulnis und Moder den Wurm erquickt –
Wir weben, wir weben!

Das Schiffchen fliegt, der Webstuhl kracht,
Wir weben emsig Tag und Nacht –
Altdeutschland, wir weben dein Leichentuch,
Wir weben hinein den dreifachen Fluch,
Wir weben, wir weben!

Heinrich Heines Gedicht »Die schlesischen Weber« in der 1847 vom Dichter revidierten Fassung; Heine auf einem Gemälde von Moritz Daniel Oppermann 1831 (Ausschnitt), das in der Hamburger Kunsthalle hängt.

jener der schlesischen Weber vergleichbar. Die *Barmer Zeitung* schrieb damals: »Der Weber muß morgens auf den Hahnenruf aufstehen und bis Mitternacht und wohl darüber arbeiten. Seine Kräfte werden schnell verbraucht, seine Sinne vor der Zeit abgestumpft. Seine Brust kann dem ununterbrochenen Zusammenhocken nicht widerstehen, seine Lungen werden krank, Blutspucken stellt sich ein. So wird seine physische Person eine frühe Kirchhofsblume.« (Zitiert nach Grab/Friesel 1973: 185) Im November 1844, nach seiner Rückkehr ins Elternhaus in Barmen, übersetzte Engels Heines Gedicht ins Englische. Es bildete den eindrucksvollen Abschluss des ersten von drei Beiträgen, die er in englischer Sprache unter dem Titel »Rascher Fortschritt des Kommunismus in Deutschland« (MEW 2: 512f.) für die Zeitung der englischen Owenisten-Bewegung *New Moral World* verfasste.

Moses Hess im Hotel »Zur Stadt London«

Der wichtigste Mentor des jungen »Kommunisten« Friedrich Engels war der acht Jahre ältere Moses Hess (1812-1875), ein Kaufmann und Journalist aus Köln. Hess war zu dieser Zeit einer der bedeutendsten sozialistischen Akti-

Im Eckhaus Friedrich-Engels-Allee/ Heinz-Kluncker-Straße lag vermutlich das Gasthaus »Zur Stadt London« (Gerd Neumann, Medienzentrum Wuppertal).

Moses Hess, Porträt von Adolf Köttgen (Ausschnitt; Stadtmuseum Köln)

visten in Deutschland. Hess und Engels nahmen im Frühjahr 1845 Einfluss auf die Gründung des »Volksbildungsvereins« in Elberfeld und beabsichtigten, die soziale Frage auf die Tagesordnung zu setzen. Elberfeld und Barmen waren nach Köln das wichtigste und größte industrielle Zentrum der preußischen Rheinprovinz. Hier konnte man die Unterschiede von Reichtum und Armut, vom rasanten Industrialisierungsprozess erzeugt, am deutlichsten beobachten. Die Akteure standen unter Beobachtung der Polizei und die Bürgermeister von Elberfeld und Barmen sandten regelmäßig ihre Berichte an den Regierungspräsidenten. Möglicherweise um bei den getrennten Polizeibehörden von Elberfeld und Barmen nicht aufzufallen, nahm Moses Hess Quartier in Unterbarmen. In einem kleinen Hotel an der Allee traf er sich mit Friedrich, der nicht weit entfernt in seinem Elternhaus wohnte, um die Versammlungen in Elberfeld vorzubereiten. Das Hotel von Peter Freitag hatte den großstädtischen Namen »Zur Stadt London« und befand sich (wahrscheinlich) in dem noch erhaltenen Eckhaus an der Allee und der Oberbergischen Straße, der heutigen Heinz-Kluncker-Straße (Nr. 4).

Die ersten »kommunistischen Versammlungen« in Deutschland

Die ersten Versammlungen des Volksbildungsvereins fanden im besten Gasthof der Stadt, im »Zweibrücker Hof« statt, gleich auf der Rückseite des damaligen Rathauses. Es war den drei sich kommunistisch verstehenden Akteuren Hess, Gustav Adolf Köttgen (zu dessen Person siehe weiter unten) und Engels gelungen, in dem neu gegründeten Volksbildungsverein Einfluss zu

Gebäude des Gasthofs und Hotels »Zweibrücker Hof« am Wall, Ort der Versammlungen (Foto nach 1900; StAW)

gewinnen und mit ihren Versammlungen das Thema »Kommunismus« zum allgemeinen Stadtgespräch zu machen.

Engels schrieb am 22. Februar 1845 begeistert an Marx: »Hier in Elberfeld geschehen Wunderdinge. Wir haben gestern im größten Saale und ersten Gasthof der Stadt unsre dritte kommunistische Versammlung abgehalten. Die erste 40, die zweite 130, die dritte wenigstens 200 Menschen stark. Ganz Elberfeld und Barmen, von der Geldaristokratie bis zur épicerie, nur das Proletariat ausgeschlossen, war vertreten. Heß hielt einen Vortrag. Gedichte von Müller, Püttmann und Stücke aus Shelley wurden gelesen (...). Nachher diskutiert bis ein Uhr. Das Ding zieht ungeheuer. Man spricht von nichts als vom Kommunismus, und jeden Tag fallen uns neue Anhänger zu.« (MEW 27: 20)

Adolf von Carnap, der Elberfelder Oberbürgermeister, besuchte die »kommunistischen Versammlungen« und sandte zugleich Berichte über das Geschehen an den Regierungspräsidenten in Düsseldorf (StAW).

Es waren beileibe keine Angehörige des Proletariats, zu denen die Redner sprachen. Hoch angesehene Bürger, Kaufleute und Beamte und selbst der Elberfelder Bürgermeister interessierten sich unter dem Eindruck des Weberaufstandes in Schlesien, der erst wenige Monate zurück lag, für die soziale Frage. Die drei Kommunisten appellierten an die ökonomische Vernunft, die erfordere, der »ungeregelten Wirtschaft«, der »unorganisierten menschlichen Gesellschaft« ein »gemeinschaftliches, organisiertes Zusammenwirken der Menschen« entgegenzusetzen. Engels kritisierte die »Verschwendung von Arbeitskraft (...) ganz direkt durch den Einfluß der Konkurrenz« (MEW 2: 544). »Bedenken Sie, durch wie viele Hände jedes Produkt gehen muß, bis es in die des wirklichen Konsumenten gerät (...), wie viele spekulierende und überflüssige Zwischenschieber sich jetzt zwischen den Produzenten und den Konsumenten eingedrängt haben!« (Ebd.: 540) Folge der Konkurrenz seien Überproduktion und Absatzkrisen, aber auch – durch den Zwang, billig produzieren zu müssen – eine sich immer deutlicher abzeichnende Verarmung

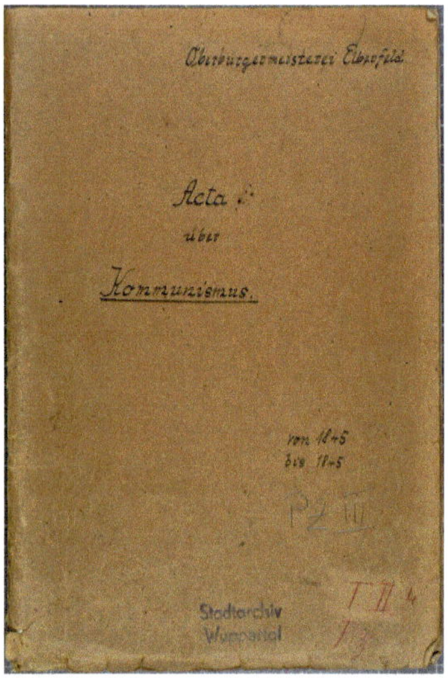

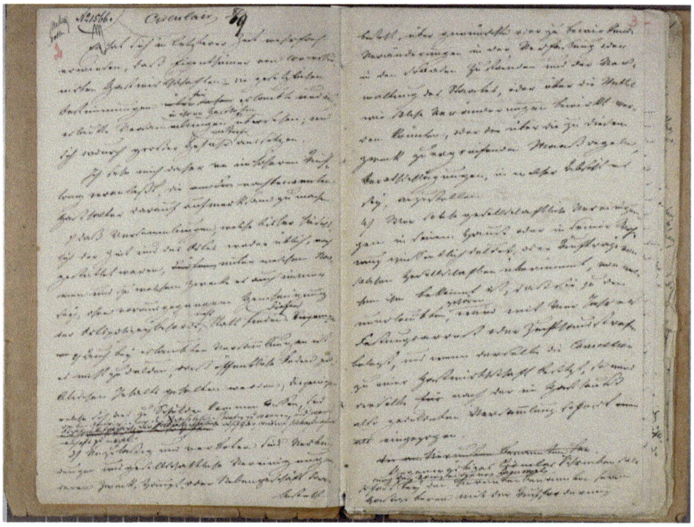

Die Oberbürgermeisterei Elberfeld legte eine »Acta über Kommunismus von 1845 bis 1845« (links) an, die auch das »Circulair« des Bürgermeisters an die Gaststätten enthielt (rechts; siehe auch Seite 62) (StAW).

des Mittelstandes und sein Abgleiten ins Proletariat, dessen Zahl und dessen Elend immer größer werde. Köttgen verwies auf den technologischen Fortschritt und zitierte eine Berechnung, wonach in der glücklichen Zukunft einer gemeinschaftlich organisierten Gesellschaft alle Bedürfnisse befriedigt werden könnten, »wenn jedes Individuum täglich zwei Stunden arbeitete« in: Püttmann 1846: 65). Hess erklärte, das Lebensgesetz des Kommunismus sei die Liebe, angewandt auf das Sozialleben. Und Köttgen behauptete gar, die Liebe zwischen Mann und Frau müsse neu gedacht werden: »Die Liebe war bis jetzt nie frei; die Geliebten mußten sich gegenseitig zu Leibeigenen machen, wenn sie nicht (...) Haß und Beleidigungen erdulden und ihre Kinder unglücklich machen wollten. – In der vernünftigen Gesellschaft kann und wird die Liebe allein Mann und Weib gegenseitig verbinden.« (Ebd.: 69)

Zwei Reden in Elberfeld

»Meine Herren! Wir leben (...) in einer Welt der freien Konkurrenz. (...) Der einzelne Kapitalist steht im Kampfe mit allen übrigen Kapitalisten, der einzelne Arbeiter mit allen übrigen Arbeitern; alle Kapitalisten kämpfen gegen alle Arbeiter, wie die Masse der Arbeiter notwendig wieder gegen die Masse der Kapitalisten zu kämpfen hat. In diesem Kriege Aller gegen Alle, in dieser allgemeinen Unordnung und gegenseitigen Ausbeutung besteht das Wesen der heutigen bürgerlichen Gesellschaft. Eine solche ungeregelte Wirtschaft, m[eine] H[erren], muß aber notwendig auf die Dauer für die Gesellschaft die unheilvollsten Resultate erzielen; (...). Mit derselben Sicherheit, mit der wir aus gegebenen mathematischen Grundsätzen einen neuen Satz entwickeln können, mit derselben Sicherheit können wir aus den bestehenden ökonomischen Verhältnissen und den Prinzipien der Nationalökonomie auf eine bevorstehende soziale Revolution schließen. (...)

Eine soziale Revolution, m[eine] H[erren], ist ganz etwas anderes als die bisherigen politischen Revolutionen; sie geht nicht, wie diese, gegen das Eigentum des Monopols, sondern gegen das Monopol des Eigentums; eine soziale Revolution, m[einel H[erren], das ist der offene Krieg der Armen gegen die Reichen. (...) solch ein Kampf droht allerdings heftiger und blutiger werden zu wollen als alle seine Vorgänger.

Das Resultat dieses Kampfes kann ein zweifaches sein. Entweder greift die sich empörende Partei nur die Erscheinung, nicht das Wesen, nur die Form, nicht die Sache selbst an, oder sie geht auf die Sache selbst ein und faßt das Übel bei der Wurzel selbst an.

Im ersten Falle wird man das Privateigentum bestehen lassen und nur anders verteilen, so daß die Ursachen bestehen bleiben, welche den jetzigen Zustand herbeigeführt haben und über kurz oder lang wieder einen ähnlichen Zustand und eine neue Revolution herbeiführen müssen. (...)

Daß aber das kommunistische Prinzip das der Zukunft sein wird, dafür spricht der Entwickelungsgang aller zivilisierten Nationen, dafür spricht die rasch fortschreitende Auflösung aller bisherigen sozialen Institutionen, dafür spricht die gesunde menschliche Vernunft und vor allem das menschliche Herz.« (MEW 2: 536ff.)

In den beiden Reden – die erste, aus der hier zitiert wurde, vom 8., die zweite vom 15. Februar 1845 – finden sich Begriffe und Kritikpunkte, die in den folgenden drei Jahren zu einer umfassenden Kritik der bürgerlichen Gesellschaftsordnung ausgearbeitet wurden. So etwa die zentrale Rolle des Privateigentums, der gesellschaftlichen Produktion und der Revolution. Auch dialektische Denkmuster von »Erscheinung« und »Wesen«, die auf Engels' Beschäftigung mit Hegel zurückgingen, finden sich in den Ausführungen.

Rheinische Jahrbücher

zur

gesellschaftlichen Reform.

Herausgegeben

unter Mitwirkung Mehrerer

von

Hermann Püttmann.

Zweiter Band

Belle-Vue, bei Constanz,

1846.

Titelseite der »Rheinischen Jahrbücher zur gesellschaftliches Reform«, die Hermann Püttmann in Köln herausgab. Hier wurden 1846 die Elberfelder Reden von Engels, Hess und Köttgen abgedruckt.

Während Engels zu dieser Zeit für England eine apokalyptische soziale Revolution prognostizierte, erhoffte er für Deutschland einen friedlichen, von den Philosophen eingeleiteten Wandel und Übergang zum Kommunismus. Mit den Elberfelder Reden begann eine explizit als kommunistisch bezeichnete Agitation. Und so gingen die Elberfelder Versammlungen auch als die ersten »kommunistischen Versammlungen« in die deutsche Geistesgeschichte ein. In dem drei Jahre später erscheinenden »Manifest der Kommunistischen Partei«, zu dem Engels maßgebliche Vorentwürfe verfasste, waren dann alle wesentlichen Elemente der später als »Marxismus« oder »Historischer Materialismus« bezeichneten Gesellschaftsauffassung zusammengeführt.

Als August Bebel 45 Jahre später eher zufällig die Reden zu lesen bekam, schrieb er am 30.4.1889 anerkennend an seinen Mentor Engels: »Die erste Rede wirst Du auch noch mit einigen kleinen Abänderungen vollkommen akzeptieren. (...) Ich muß Dir mein Kompliment machen, Du warst damals schon in deinen Anschauungen merkwürdig weit entwickelt.« (zitiert nach Blumenberg 1965: 358)

Die in Elberfeld geplante vierte Versammlung wurde dann verboten und der Oberbürgermeister Carnap erließ ein Circular an alle »Eigenthümer von concessionirten Gasthwirtschaften«. Sollten sie »die gesetzlichen Bestimmungen für erlaubte und unerlaubte Versammlungen in ihren Gasthöfen« nicht beachten, so würden sie »sich dadurch großer Gefahr von Strafe aussetzen«. Wer staatsgefährdende »Vereinigungen in seinem Hause oder in seiner Wohnung wissentlich duldet, oder Aufträge von solchen Gesellschaften übernimmt, von welchem ihm bekannt ist, daß sie zu den unerlaubten gehören, wird mit vier Jahren Festungsarrest oder Zuchthausstrafe belegt, und wenn derselbe die Concession zu einer Gastwirthschaft besitzt, so wird dieselbe nach der im Gasthause also geduldeten Versammlung sofort eingezogen.«[8]

[8] Akte der Oberbürgermeisterei Elberfeld über Kommunismus, 1845 STAW Signatur: T II 4, Blatt 42. Ich danke Thorsten Dette für die Transkription.

Julius Baedeker und der »Gesellschaftsspiegel«

Nach dem Verbot rückte ein neues Projekt – eine sozialkritische Monatszeitschrift – in den Mittelpunkt der Aktivitäten. Sie trug den bezeichnenden Titel: *Gesellschaftsspiegel – Organ zur Vertretung der besitzlosen Volksklassen und zur Beleuchtung der gesellschaftlichen Zustände der Gegenwart* (siehe Abbildung Seite 52). Man fand auch einen Verleger, der den Mut besaß, eine solche Zeitung zu drucken: Julius Baedeker war ein Vetter des bekannten Reiseschriftstellers und hatte seine Buchhandlung und den Verlag

Der Wall um 1880. An dieser Straße lagen das Hotel »Zweibrücker Hof« und der Verlag von Julius Baedeker. Hier wohnte auch der Maler Gustav Adolf Köttgen mit seiner Familie (StAW).

auf dem Wall. Die Auflage der Hefte lag bei etwa 900, und sie wurden auch außerhalb des Rheinlandes gelesen. Um die Zeitung sammelte sich ein Kreis von kritischen Autoren, von denen einige, etwa Hermann Püttmann, Reinhard Neuhaus, Georg Weerth und Friedrich Schnake, zum Freundeskreis von Friedrich Engels gehörten und mit dem Wuppertal verbunden waren. Das Heft fand nicht nur im Rheinland Verbreitung. Hermann August Ewerbeck, ein Freund Engels', schrieb aus Paris, wo eine große Gemeinde deutscher Handwerker lebte: »Der ›Gesellschaftsspiegel‹ ist in 100 Exemplaren hier und verkauft sich ziemlich, ein Exemplar ist von mir geschickt worden ins Palais royal.« (Zitiert nach Knieriem 1979: 124) Zwölf Hefte konnten in Elberfeld erscheinen, bevor die Zeitschrift verboten wurde. Der »Gesellschaftsspiegel« war eine von drei solchen frühsozialistischen Zeitungen im Rheinland.

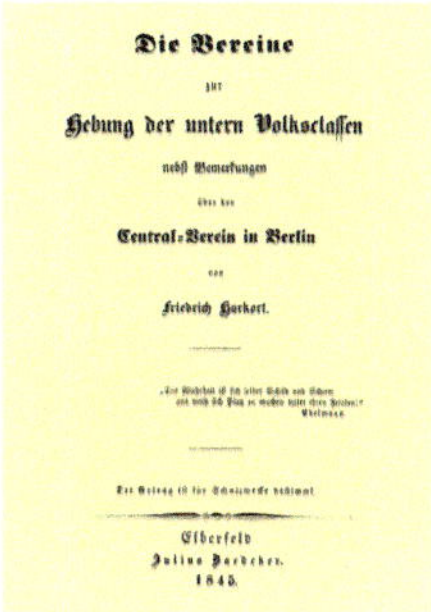
Die Vereine
zur
Hebung der untern Volksclassen
nebst Bemerkungen
über den
Central-Verein in Berlin
von
Friedrich Harkort.

Elberfeld
Julius Baedeker.
1845.

Der Industriepionier und Sozialreformer Friedrich Harkort veröffentlichte im Jahr 1845, ebenfalls bei Julius Baedeker in Elberfeld, seine Denkschrift über die »Vereine zur Hebung der unteren Volksklassen«. Der Verlag war bekannt für seine liberal-reformerische Haltung. In dem Elberfelder Bezirksverein hielten Hess, Engels und Köttgen ihre Vorträge (Historisches Zentrum Wuppertal).

Richard Seel – »wütender Kommunist und Karikaturenmaler«

Einer der Unterstützer war der Maler, Zeichner und Musiker Richard Seel. Der »wütende Kommunist« – so Engels – zeichnete das Titelbild für die zehnte Ausgabe, eine Allegorie der Göttin Justitia. Seel wurde später als Porträtmaler und vor allem als Schöpfer der Karikatur des »Deutschen Michel« bekannt. Sein Grab auf dem evangelisch-reformierten Friedhof blieb erhalten.

Mit dem Buchhändler Julius Baedeker planten Friedrich Engels und Karl Marx auch die Herausgabe einer Schriftenreihe. Zu der »Bibliothek der vorzüglichsten sozialistischen Schriftsteller des Auslandes« wollten sowohl Friedrich Engels als auch Moses Hess und Karl Marx bisher unbekannte

Links: Richard Seel, Selbstbildnis (Von der Heydt-Museum); rechts: Grabmal von Richard Seel mit dem Relief des Malers (Reiner Rhefus)

Schriftsteller aus England und Frankreich übersetzen. Engels begann mit Charles Fourier, doch das Projekt verlief bald im Sande und wurde erst 40 Jahre später von dem Verleger Johann Heinrich Wilhelm Dietz (1843-1922) wieder aufgegriffen. Der J.H.W.-Dietz-Verlag in Stuttgart begründete mit der ab 1885 erscheinenden »Internationalen Bibliothek« seinen Ruhm. Einige von Engels' Schriften gehörten zu den ersten Bestsellern der Reihe.

Gustav Adolf Köttgen und die »Kommunistischen Korrespondenzkomitees«

Gustav Adolf Köttgen war im Wuppertal ein beliebter Porträtmaler. Selbstbildnis (Museum Kunstpalast, Düsseldorf).

Der Maler Gustav Adolf Köttgen (1805-1882), Sohn eines Seidenkaufmanns aus Langenberg, lebte damals mit seiner Familie ganz in der Nähe der Buchhandlung Baedeker auf dem Wall in Elberfeld. Köttgen hatte an der Kunstakademie in Düsseldorf studiert und gehörte mit Hess und Engels zu den Organisatoren der »kommunistischen Versammlungen«. Nachdem Friedrich Engels im Mai 1845 ins Ausland gegangen war und sich in Brüssel, Paris oder London aufhielt, machte Köttgen im Juni 1846 den Vorschlag, ein internationales »Kommunistisches Korrespondenz-Komitee« zu gründen, um zu ermöglichen, dass die deutschen Kommunisten, die nicht nur in Deutschland, sondern auch in London, Paris und Brüssel tätig waren, »sich wechselseitig in ihrem Handeln unterrichten«. Zudem schlug Köttgen einen ersten internationalen Kongress der Kommunisten vor. Dieses Korrespondenzbüro wurde dann von Engels und Marx von Brüssel aus geleitet und hatte etwa bis 1847 Bestand, als es in die Gründung des »Bundes der Kommunisten« mündete. Für diesen Bund verfassten Friedrich Engels und Karl Marx das »Manifest der Kommunistischen Partei«.

Gesellige Runde um Gustav Adolf Köttgen (rechts) (Bleistiftzeichnung von G.A. Köttgen, Privatbesitz)

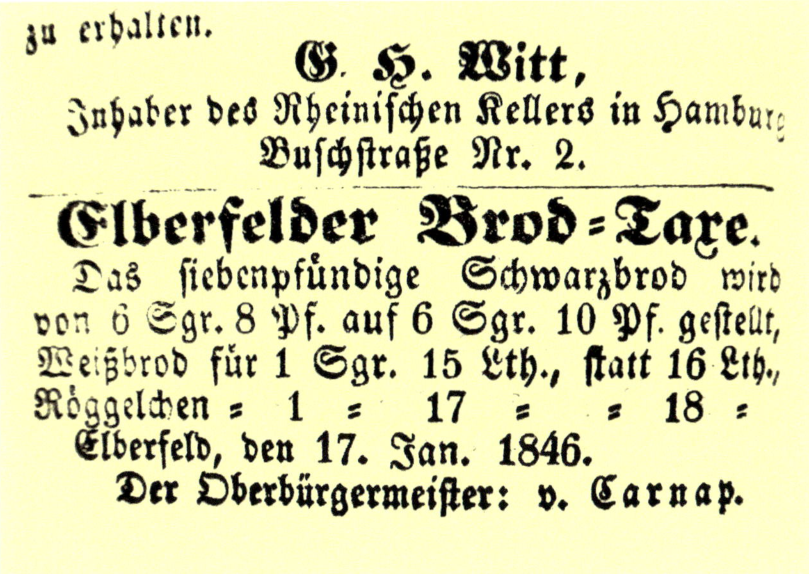

zu erhalten.

G. H. Witt,
Inhaber des Rheinischen Kellers in Hambur
Buschstraße Nr. 2.

Elberfelder Brod=Taxe.

Das siebenpfündige Schwarzbrod wird von 6 Sgr. 8 Pf. auf 6 Sgr. 10 Pf. gestellt, Weißbrod für 1 Sgr. 15 Lth., statt 16 Lth., Röggelchen = 1 = 17 = = 18 =
Elberfeld, den 17. Jan. 1846.
Der Oberbürgermeister: v. Carnap.

Wöchentlich wurden im »Elberfelder Kreisblatt« (hier aus dem Januar 1846) die »Elberfelder Brod-Taxe« – die Teuerung des Brotes und der amtlich zulässige Preis – vom Oberbürgermeister der Stadt bekannt gegeben.

Adolph Kolping und die Krise vor der Revolution

Das Wuppertal erlebte in den Jahren 1845 bis 1847 schwerwiegende Krisen. Im Herbst 1845 hatte es eine katastrophale Missernte bei den Kartoffeln gegeben. Die Preise für Roggen, Weizen und Kartoffeln stiegen besonders stark in Elberfeld. Bei den Kartoffeln betrug der Preis fast das Doppelte des Preises am Niederrhein. In Suppenküchen wurde für Bedürftige gekocht, Brotmarken zum Bezug von verbilligtem Brot wurden an die Arbeitslosen verteilt. Im Jahr 1847 kam eine Missernte bei der Baumwolle in den USA hinzu. Der Preis des Rohstoffes, der für die Wuppertaler Textilindustrie eine so große Rolle spielte, stieg um 65% (siehe hierzu Oelßner 1951: 221). Die Zahl der Konkurse in Elberfeld erreichte im März 1847 ihren Höhepunkt, die Zahl der Arbeitslosen in Barmen und Elberfeld stieg auf 4.000 bis 5.000.

Die Gedenktafel am Pfarrhaus der Laurentius-Gemeinde. Hier lebte Kolping zu Beginn der Elberfelder Zeit, bevor man ihm die Anmietung einer eigenen Wohnung erlaubte (Reiner Rhefus).

Der junge Kaplan Adolph Kolping war seit 1845 an der Laurentius-Gemeinde in Elberfeld tätig und übernahm den geistigen Vorsitz – er wurde »Präses« – für den 1846 von Gregor Breuer gegründeten Katholischen Gesellenverein. Gerade die Handwerksgesellen waren in der Krise vom sozialen Abstieg bedroht. Kolping, der sich eigentlich gern nur mit theologisch-poetischen Fragen beschäftigt hätte, schrieb im März 1846 an einen Freund: »(I)ch bedaure, meine alte poetische Ader nicht mehr auffinden zu können; an den Ufern der schwarzgalligen Wupper weilen keine Grazien und keine Musen« (zitiert nach Hanke/Copelovici 1991: 120). Durch seine Erfahrungen in Elberfeld wandelte sich Kolping allmählich zu einem praktischen und nüchternen Sozialreformer. An seinen Lehrer Ignaz von Döllinger (1799-1890) schrieb er im März 1847: »Kann ich doch nach den Büchern nicht mehr sehen, so stehen

Die Laurentiuskirche in Elberfeld war der Wirkungsort von Adolph Kolping. Hier hielt er im März 1848 eine Messe für die Toten der Revolution in Berlin (Reiner Rhefus).

die Menschen, die praktische Geschichte, desto leibhaftiger mir vor Augen und provozieren desto dringender zur Beobachtung und zum Studium. (...) Dazu ist das weltberühmte Wuppertal eine vortreffliche Schule.« (Ebd.: 123)

Kolping erlebte den größten Teil des Revolutionsjahres im Wuppertal. Im März 1848 hielt er in der überfüllten Laurentiuskirche die Predigt in der Messe für die toten Demonstranten in Berlin. Kurz bevor Engels als Barrikadeninspektor im Frühjahr 1849 in seine Heimatstadt zurückkehrte, verließ Kolping das Wuppertal. Die Idee des Katholischen Gesellenvereins – des Kolping-Vereins – verbreitete sich weltweit.

Der Handlungsgehilfe und Dichter Adolf Schults – »Wir wollen dem Wupperthale einen Namen machen...«[9]

[9] So der Klassenkamerad von Friedrich Engels, Karl de Haas, an Adolf Schults am 10.6.1840, in: Knieriem 1994: 63.

Adolf Schults (1820-1858), ein Jugendfreund von Friedrich Engels, arbeitete als Handlungsgehilfe (damals »Kommis«) bei Türkischrot-Färberei Wittenstein & Co. in Unterbarmen und gehörte zu den Begabtesten des Elberfelder Literaturkränzchens. Er konnte seine Gedichte in überregionalen Zeitungen wie der *Rheinischen Zeitung*, der *Kölnischen Zeitung* oder dem *Morgenblatt für gebildete Leser* in Stuttgart veröffentlichen. Aus dem Jahr 1846 stammt das Spottgedicht »Der Geldsack«. Es kündet vom kritischen Geist unter den jungen Literaten und kündigt zugleich, ähnlich wie die »Elberfelder Reden« von Engels, eine nahende Revolution an.

Der Geldsack

Ob ihr einen König habt
heuer zum Regenten,
oder ob ihr seid begabt
mit dem Präsidenten,
habt ihr Konstitution
oder habt ihr keine:
Einer sitzet auf dem Thron,
und hernieder voller Hohn
blicket er, dieser Eine –
der Geldsack, der Geldsack!

Könige wurden oft gestürzt,
abgeknickt wie Reiser,
und das Leben gar gekürzt
manchem mächtigen Kaiser:
Keine Revolution
jemals aber keine
stürzte diesen noch vom Thron,
höher als ein Göttersohn
dünkt sich dieser Eine –
der Geldsack, der Geldsack!

Doch es kommt, es kommt die Zeit,
wo auch er muss fallen,
ja, die Stund' ist nicht mehr weit –
seht euch vor, Vasallen!
Eine Revolution
werden wird's wie keine,
wenn entsagen muss der Kron,
wenn er herunter muss vom Thron
endlich dieser Eine –
der Geldsack, der Geldsack

Adolf Schults, eine Zeichnung von Richard Seel (in: Heidermann, 2003: 43)

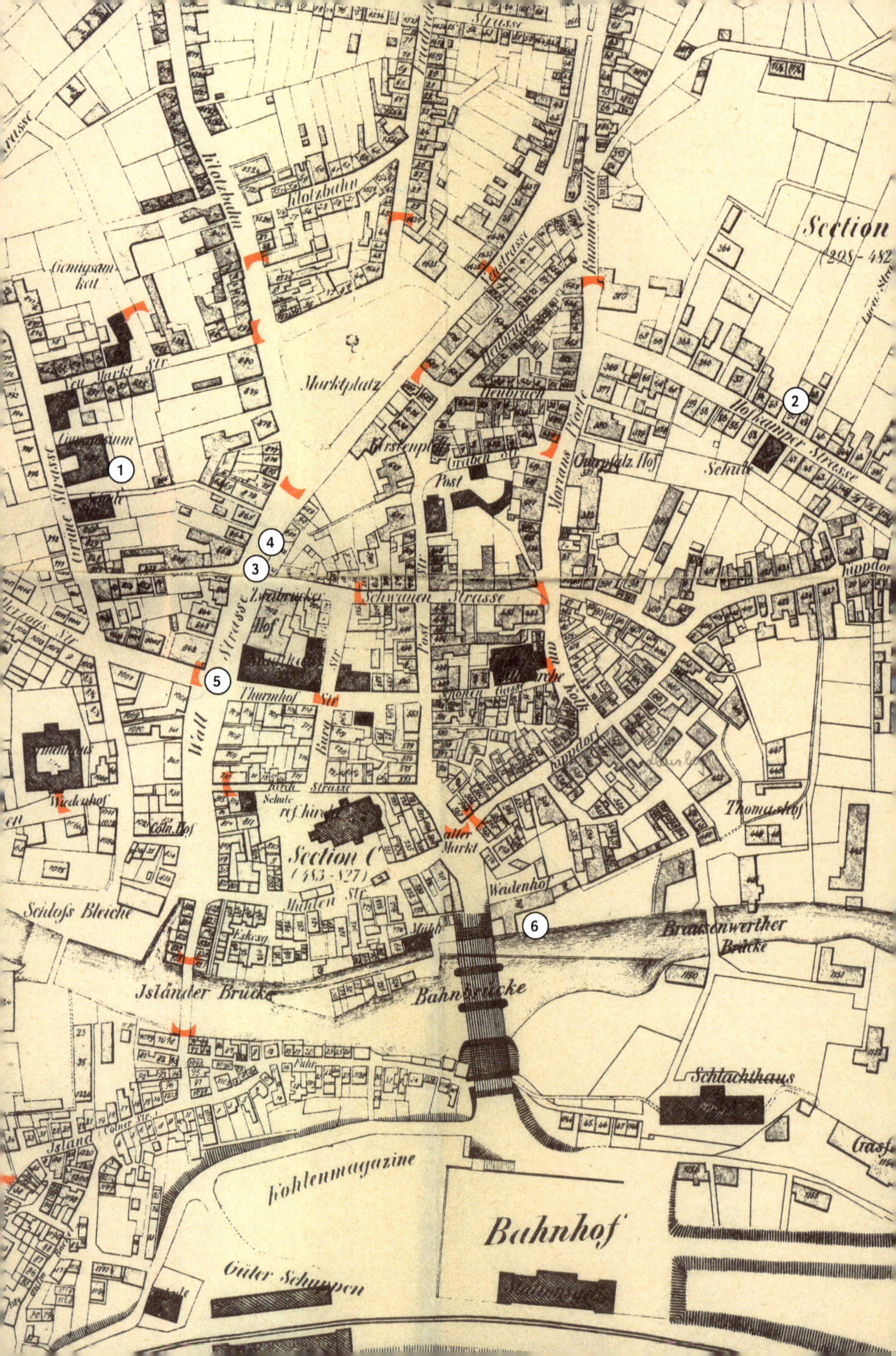
Section
(298-482)
Klotzbahn
Marktplatz
Neu Markt Str.
Gymnasium
Hofkamper Strasse
Schule
Graben Str.
Post
Schwanen Strasse
Zweibrücker Hof
Thurmhof
Wall Strasse
Weidenhof
Cöln. Hof
Section C
(483-827)
alter Markt
Schloss Bleiche
Mühlen Str.
Isländer Brücke
Bahnbrücke
Brausenwerther Brücke
Thomashof
Schlachthaus
Kohlenmagazine
Bahnhof
Güter Schuppen
Island
1
2
3
4
5
6

Das Wuppertal während der Revolution von 1848/49

Engels und Marx auf Werbereise in Elberfeld

Im März 1848 kam es in Deutschland zur Revolution, die Zensur wurde aufgehoben und Wahlen zur Nationalversammlung ausgerufen. Überall bildeten sich politische Vereinigungen, um bestimmte Kandidaten, konservative oder liberale, zu unterstützen. Friedrich Engels und Karl Marx gingen nach Köln, um die *Neue Rheinische Zeitung (NRhZ)* zu gründen, mit der sie Einfluss auf den Verlauf der Ereignisse nehmen wollten. Die Mitarbeiter der Zeitung waren sämtlich Mitglieder des »Bundes der Kommunisten«, doch mit der Zeitung wollte man zugleich die Belange des liberalen Bürgertums vertreten. So kam Friedrich für einige Wochen ins Wuppertal, um unter alten Freunden und Bekannten Aktionäre für das Zeitungsprojekt zu gewinnen. In Elberfeld hatte sich Ende März der »Politische Clubb« gegründet, in dem sich gebildete und linksliberale Bürger und Kaufleute zusammenfanden. Hier hoffte Friedrich auf Unterstützung und knüpfte Kontakte.

Anfang Mai 1848 wurden er und Karl Marx zu einer Versammlung eingeladen und erhielten Gelegenheit, ihr Projekt vorzustellen. Die Versammlung fand statt in der Gaststätte von Abraham Küpper auf dem Johannisberg, ei-

Linke Seite: Elberfeld im Revolutionsjahr 1849. Der Plan zeigt im Süden den Bahnhof, im Norden der Innenstadt den Neumarkt (»Marktplatz«). Markiert wurden: Gymnasium Elberfeld (1), Verlag Samuel Lucas/ »Elberfelder Zeitung« (2), Hotel »Zweibrücker Hof« (3), Verlag und Buchhandlung Julius Baedeker (4), Hauptbarrikade auf der Herzogstraße, gegenüber dem Rathaus – heute Von-der-Heydt-Museum (5), Hotel »Weidenhof« (6). Die roten Markierungen kennzeichnen Standorte von Barrikaden im Mai 1849. (Ausschnitt aus »Grundriss der Stadt Elberfeld in 2 Blättern«, angefertigt im Jahr 1849 vom Kreis-Geometer Grothaus; Historisches Zentrum Wuppertal)

Ausflugs- und Versammlungslokal Küpper (links, mit Turm und Fahne) auf dem Johannisberg um 1840. Rechts der Bahnhof Steinbeck, der erste Bahnhof in Elberfeld (StAW)

Karikatur zu Karl Marx als Versammlungsredner während der Revolution in der satirischen Zeitschrift »Fliegende Blätter«: »Meine Herren! Wenn es jemand wagen sollte, anderer Meinung zu sein als wir …« (Fliegende Blätter, Band X, Nr. 218, München 1849)

nem beliebten Ausflugs- und Versammlungslokal. Doch die erhoffte Unterstützung blieb aus. Der »Politische Clubb« gab bald selbst eine eigene Zeitung heraus, die *Volksstimme*, und hatte daher kein allzu großes Interesse an einer demokratischen Zeitung, die in Köln erschien. Sicherlich gab es auch Vorbehalte gegen die als radikal und kommunistisch bekannten Aktivisten. Friedrich Engels konnte dann im Verlauf von mehreren Wochen doch noch einige Aktionäre für die NRhZ gewinnen, darunter Carl Hecker, Inhaber einer großen Stoffdruckerei und vormaliger Präsident der Handelskammer. Trotz Geldmangels erschien die erste Nummer der NRhZ im Juni 1848.

Das Lokal Küpper hat kulturell wie politisch eine interessante Geschichte: Abraham Küpper veranstaltete zahlreiche Konzerte und Theatervorstellungen und baute dazu einen Veranstaltungssaal für mehr als 1.000 Besucher. Im November 1889, zum Ende des Sozialistengesetzes, wagten die immer noch illegalen Sozialdemokraten eine große Kundgebung – die erste seit dem Erlass des Sozialistengesetzes im Jahr 1878. Über den nahegelegenen Bahnhof kamen die meisten der etwa 2.500 Vertreter aus 58 Ortschaften in Rheinland und Westfalen. Die Behörden schritten nicht ein und die Versammlung wurde zum Gründungsparteitag der SPD in der Preußischen Rheinprovinz. Doch zugleich hatte sich das Lokal als kulturelles Zentrum des Tales etabliert, sodass 1894, als das Gelände an die Stadt verkauft wurde, hier ihr Konzertsaal entstand: Die Elberfelder Stadthalle gehört heute zu den schönsten und renommiertesten Konzertsälen Europas.

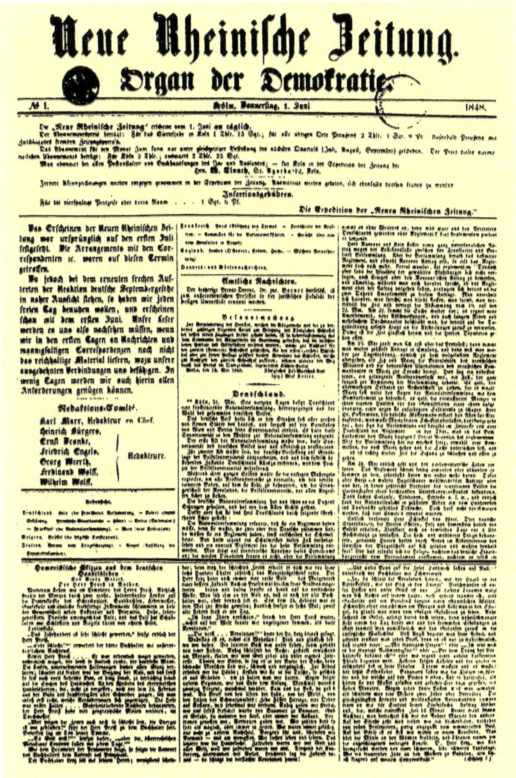

Neue Rheinische Zeitung.
Organ der Demokratie.

№ 1. Köln, Donnerstag, 1. Juni 1848.

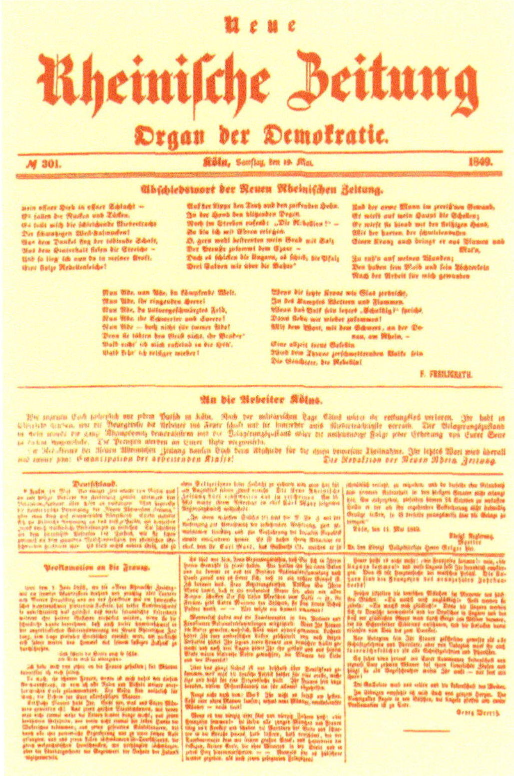

Neue
Rheinische Zeitung
Organ der Demokratie.

№ 301. Köln, Samstag, den 19. Mai. 1849.

Abschiedswort der Neuen Rheinischen Zeitung.

F. FREILIGRATH.

An die Arbeiter Kölns.

Die Redaktion der Neuen Rhein. Zeitung.

Deutschland.

Proklamation an die Frauen.

Links: Titelseite der ersten Ausgabe der »Neuen Rheinischen Zeitung« vom 1.6.1848. Unter den aufgeführten Redakteuren die zuvor im Wuppertal lebenden und wirkenden Friedrich Engels, Georg Werth und Ferdinand Freiligrath; rechts: Titelseite der letzten Nummer vom 19. Mai 1849, die in roter Farbe gedruckt wurde und eine Warnung an die Arbeiter Kölns richtete, die Ruhe zu bewahren. Man habe »in Elberfeld gesehen, wie die Bourgeoisie die Arbeiter ins Feuer schickt …«

Auf der Flucht – in Barmen und im Burgund

Die *Neue Rheinische Zeitung* entwickelte sich trotz widriger Umstände glänzend. Das Blatt erreichte eine Auflage von 6.000 Exemplaren und wurde zu einer der wichtigsten die Revolution unterstützenden Zeitungen in Deutschland. Friedrich Engels war stellvertretender Chefredakteur und trat gelegentlich als Redner in Volksversammlungen auf. Doch im September 1848 wurde über Köln der Belagerungszustand verhängt. Die *Rheinische* und drei weitere demokratische Zeitungen wurden verboten, die Bürgerwehr aufgelöst, das Versammlungsrecht aufgehoben. Bei einer Hausdurchsuchung suchte man vergeblich nach dem Beklagten: Friedrich Engels hatte sich der drohenden Verhaftung entzogen. Durch die Zeitung und nicht zuletzt durch einen Steckbrief war sein Name nun im Wupper- und im Rheintal in aller Munde. Es ist nicht gesichert, doch mehreren Biografien zufolge hielt er sich zunächst in Barmen versteckt. Seine Eltern waren für einige Tage in Engelskirchen. In Barmen vernichtete er einen großen Teil seiner Privatkorrespondenz, die er sonst mit kaufmännischer Sorgfalt aufhob, darunter auch die ersten Briefe von Marx. Nach der Rückkehr der Eltern soll es zu einem schweren Konflikt zwischen Vater und Sohn gekommen sein.

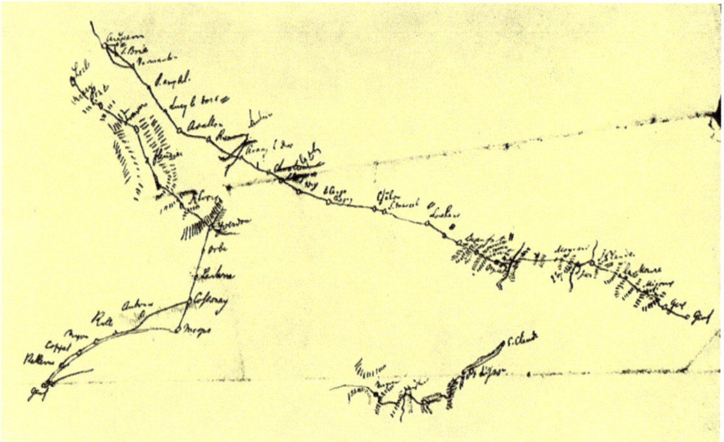

Links: Skizze von Friedrich Engels, die den Weg von Paris nach Genf nachzeichnet (MEW 5, vor S. 465); rechts: Darstellung zweier Zeitungsleser: links der Revolutionär mit Heckerhut, langem Haar, Vollbart und der NRhZ, rechts der konservative Zeitungsleser mit Zylinder und der »Neuen Preußischen Zeitung« (Die freie Presse, Leipzig, 14.4.1849).

Aufruf »An das deutsche Volk« des Sicherheits-Ausschusses, dem u.a. Otto von Mirbach und Friedrich Wilhelm Hühnerbein angehörten (StAW)

An das deutsche Volk.

Brüder!

Elberfeld hat sich erhoben für die Reichsverfassung! Es hat nicht dulden wollen, daß seine Söhne im Dienste der undeutschen Bestrebungen der Regierung gegen ihre eigene Freiheit und gegen ihre eigenen Brüder kämpfen.

Auf dem Rathhause zu Elberfeld weht die schwarz-roth-goldene, die deutsche Fahne. Die bewaffnete Mannschaft hat heute Morgen der Reichsverfassung Treue geschworen und sich der Nationalversammlung zu Frankfurt zur Verfügung gestellt.

Um diese deutsche Fahne niederzureißen, rückt jetzt preußisches Militair gegen Elberfeld. Elberfeld wird sich selbst und die deutsche Sache mit allen Kräften vertheidigen, die ihm zu Gebote stehen.

Deutsche Männer! Wir fordern Euch auf, Eure Mitbrüder nicht im Stiche zu lassen. Waffen und Munition sind immer noch nöthig. Sendet uns Eure Waffen, Eure Munition, sowie Geld und Lebensmittel! Besser noch, kommt selbst sammt Euren Waffen und Eurer Munition hierher; schließt Euch dem Centrum der Bewegung an, welches hier sich gebildet hat. Jeder, der kommen will, komme schnell; die Zeit drängt und der Angriff steht uns in der kürzesten Zeit bevor. Ihr deutschen Brüder könnt und dürft nicht ruhig zusehen. Helft! Helft! Es gilt der Einheit und der Freiheit unseres Vaterlandes!

Elberfeld, den 14. Mai 1849.

Der Sicherheits-Ausschuß.

Körner. Dr. Höchster. Hillmann. Bohnstedt. J. Troost. C. Hecker. Riotte. P. J. Römer. C. Mirbach. Pothmann. F. W. Hühnerbein.

Fast ohne Geldmittel floh Engels nun über Belgien nach Paris und ging von dort zu Fuß in die Schweiz. Während sich seine Mutter allergrößte Sorgen machte und der Bruder in Köln Nachforschungen über den Verbleib von Friedrich anstellte, genoss der Flüchtling die Weinlese im herbstlichen Burgund. »Überall Fässer und Keltern, und die ganze Einwohnerschaft unter Lachen und Scherzen beschäftigt, Most zu keltern, in Fässern zu pumpen oder in großen Kufen über die Straße zu tragen. (...) Hier war alles noch in der Weinlese begriffen, und eine burgundische Weinlese ist ganz anders als selbst eine rheinländische. Auf jedem Schritt fand ich die heiterste Gesellschaft, die süßesten Trauben und die hübschesten Mädchen« (MEW 5: 479), schrieb er in seinem Reisebericht »Von Paris nach Bern«, der erst nach seinem Tod in der Zeitschrift *Die Neue Zeit* 1898/99 veröffentlicht wurde. Erst im Januar 1849, nach der Aufhebung des Belagerungszustandes, konnte er gefahrlos nach Köln zurückkehren und nahm seinen Platz bei der Zeitung wieder ein.

Als Barrikadeninspektor in Elberfeld

Erst zum Schlussakt der Revolution, der »Reichsverfassungskampagne« im Mai 1849, kam Friedrich wieder ins Wuppertal. Die Elberfelder Landwehrleute hatten ihre Einberufung verweigert und forderten die Annahme der von der Frankfurter Nationalversammlung ausgearbeiteten Reichsverfassung. Die Aufständischen riefen die Landwehrmänner und Demokraten im Rheinland dazu auf, sich bewaffnet in Elberfeld zu sammeln. Auch Friedrich Engels folgte dem Ruf und kam an der Spitze eines Trupps von Arbeitern aus Solingen nach Elberfeld. Als Offizier hatte Friedrich militärische Vorkenntnisse, sodass er von der politischen Leitung, dem Sicherheitsausschuss im Elberfelder Rathaus (heute Von-der-Heydt-Museum), an die Militärkommission verwiesen wurde.

Engels als Barrikadeninspektor in Elberfeld. Die idealisierte Darstellung von Albert Mann (Ölgemälde, Dresden 1953), fand in Schulbüchern der DDR Verwendung (Deutsches Historisches Museum und E. Mann, Dresden).

Ausschnitt aus der satirischen Wochenzeitschrift »Kladderadatsch« vom Mai 1849. Im Vordergrund Büste und Kontobuch der Bankiersfamilie Von der Heydt.

Hier traf Friedrich auf einen alten Bekannten, den Schneider Friedrich Wilhelm Hühnerbein, ein politischer Freund und Aktionär der *NRhZ*. Nun war er einer von zwei Vorsitzenden des Militärausschusses und vermutlich sehr froh über das Hilfsangebot von Friedrich. Drei Tage blieb dieser in Elberfeld. In dieser Zeit nahm er auf wichtige Verteidigungsfragen Einfluss: Er wurde zum »Barrikadeninspektor« über die mehr als 100 Barrikaden ernannt, mit denen man die Stadt verteidigen wollte. Man unterstellte ihm auch die wenigen Kanonen, die es in der Stadt gab, und Engels setzte einen morgendlichen »Generalappell« durch, der auf dem »Paradeplatz«, dem heutigen »Platz der Republik«, stattfand. Nur so konnte man sich einen Überblick über die in die Stadt strömenden Bewaffneten verschaffen und die eigenen militärischen Kräfte einschätzen. Friedrich schlug einen erfahrenen Militär als Stadtkommandanten vor, den ihm bekannten Otto von Mirbach (1804-1867), und der Sicherheitsausschuss ließ sich darauf ein.

Die von der IG Metall Wuppertal angebrachte Plakette an der Herzogstraße/Wall erinnert an den Standort der Hauptbarrikade. Weitere Tafeln halten die Namen der Toten vom Mai 1849 fest (Reiner Rhefus).

Bekanntmachung.

Der Sicherheits-Ausschuß hat am heutigen Tage beschlossen:

1) **Der Bürger von Mirbach ist mit der Leitung der Militär-Angelegenheiten betraut. Ueberall da, wo es sich um nicht bloß strategische Maßregeln handelt, ist derselbe verpflichtet, mit Doktor Höchster, als Commissär des Sicherheits-Ausschusses, Rücksprache zu nehmen.**
2) **Der Bürger Friedrich Engels von Barmen zuletzt in Cöln wohnhaft, wird unter voller Anerkennung seiner bisherigen, in hiesiger Stadt bewiesenen Thätigkeit ersucht, das Weichbild der städtischen Gemeinde noch heute zu verlassen, da seine Anwesenheit zu Mißverständnissen über den Charakter der Bewegung Anlaß geben könnte.**
3) Der Sicherheits-Ausschuß erklärt: allen Bestrebungen, welche sich nicht auf die Anerkennung und Durchführung der deutschen Reichsverfassung beschränken, mit größter Entschiedenheit und mit allen ihm zu Gebot stehenden Mitteln entgegen treten zu wollen. Gleichzeitig wird derselbe alles aufbieten, um die Sicherheit der Person und des Eigenthums aufrecht zu erhalten.
4) Nur die schwarz-roth-goldene Fahne ist das Banner, welches der Sicherheits-Ausschuß als das Seinige anerkennt.
5) Die gesammte bewaffnete Macht wird aufgefordert, eine verbindliche Erklärung dahin abzugeben, daß sie bereit sey, den Sicherheits-Ausschuß zu dem unter 3 angegebenen Zwecke kräftigst zu unterstützen.

Elberfeld, den 14. Mai 1849.

Der Sicherheits-Ausschuß.

Namens desselben:

gez. Körner. Heintzmann. Schultze. Höchster. D. Peters. Hecker. Pothmann. Römer. Bohnstedt.

Gedruckt bei Julius Schellhoff.

Steckbrief.

Auf Grund der durch den königl. Instruktionsrichter erlassenen Vorführungsbefehle, ersuche ich die betreffenden Civil- und Militairbehörden, auf folgende Personen, und zwar:

1) **Friedrich Engels,** Redacteur der neuen rheinischen Zeitung, geboren in Barmen, zuletzt wohnhaft zu Cöln;
2) **Peter Paul Franken,** angeblich Professor der Magie, hierselbst geboren und wohnhaft;
3) **Carl Christmann,** Gummirer, hier wohnhaft;

welche sich der gegen sie wegen des im Art. 96. des Strafgesetzbuchs vorgesehenen Verbrechens eingeleiteten Untersuchung durch die Flucht entzogen haben, und deren Signalement ich nachstehend mittheile, vigiliren, und sie im Betretungsfalle verhaften und mir vorführen zu lassen.

Elberfeld, den 6. Juni 1849.

Für den Ober-Prokurator:
der Staats-Prokurator
(gez.) **Eichhorn.**

Signalement

	des ꝛc. Engels:	des ꝛc. Franken:	des ꝛc. Christmann:
Alter:	26 bis 28 Jahre.	40 Jahre.	29 Jahre.
Größe:	5 Fuß 6 Zoll.	5 Fuß 4 Zoll.	5 Fuß 3 Zoll.
Haare:	blond.	schwarz.	schwarz.
Stirne:	frei.	rund.	frei.
Augenbraunen:	blond.	schwarz.	schwarz.
Augen:	blau.	braun.	dunkelbraun.
Nase:	proportionirt.	gewöhnlich.	spitz.
Mund:	id.	id.	gewöhnlich.
Zähne:		vollständig.	gut.
Bart:	röthlich.	schwarz.	schwarz.
Kinn:	oval.	oval.	spitz.
Gesicht:	oval.	rund.	länglich.
Gesichtsfarbe:	gesund.	gesund.	gesund.
Statur:	schlank.	untersetzt.	klein.
besondere Kennzeichen:	spricht sehr rasch und ist kurzsichtig.		

Links: Bekanntmachung des Sicherheits-Ausschusses. Unter Punkt 2 wird Engels ersucht, die Stadt Elberfeld zu verlassen. (StAW); rechts: Steckbrief des Elberfelder Prokurators (Staatsanwalts) gegen Engels vom 6.6.1849 (IISG, Amsterdam)

Das Rathaus von Elberfeld – 1828-31 im Stil der italienischen Renaissance erbaut, heute Von der Heydt-Museum – war im Mai 1849 der Sitz des »Sicherheits-Ausschusses«. Dort, wo heute die Bushaltestelle ist, lag der »Zweibrücker Hof« (Reiner Rhefus).

Doch als Redakteur der *NRhZ* und als bekannter Kommunist traf Engels in der Stadt auf viele Vorbehalte, sodass man ihn am dritten Tag mitteilte, er werde »unter voller Anerkennung seiner bisherigen, in hiesiger Stadt bewiesenen Tätigkeit ersucht, das Weichbild der städtischen Gemeinde noch heute (zu) verlassen, da seine Anwesenheit zu Mißverständnissen über den Charakter der Bewegung Anlaß geben könnte«. (Aufruf des Sicherheitsausschusses vom 14.5.1849)

Ein Reitpferd vom Gut Hammerstein

Auf seinem Rückweg nach Köln zog Engels mit einigen anderen Aufständischen zum Gut Hammerstein, dem (erhaltenen) Wohnsitz des wohlhabenden Spinnereibesitzers August Jung. Hier konfiszierte der Trupp ein Reitpferd und Sattelzeug. Von Gut Hammerstein zog die Gruppe unter Führung von Engels zum Zeughaus im nahen Gräfrath, wo sie weitere militärische Ausrüstung mitnahm, die man für die Kämpfe in der Pfalz benötigte. Dort sammelte sich schon bald eine Revolutionsarmee, die aber letztlich scheiterte. Die Justizbehörden erließen einen Haftbefehl und Anfang Juni war in den Zeitungen sein Steckbrief zu lesen. Nach dem Sieg der Preußen auch in Süddeutschland und damit der Niederlage der Revolution konnte Engels mit dem Schiff über Genua nach England ins Exil fliehen.

Eingang der ehemaligen Fabrikantenvilla der Baumwollspinnerei A. Jung. Hier machte Engels auf seinem Weg nach Köln Station (Reiner Rhefus).

Seine Freunde und Gefährten, die in Elberfeld geblieben waren, hatten dieses Glück nicht. Otto von Mirbach, Friedrich Wilhelm Hühnerbein und der

Die Spinnerei von Friedrich August Jung in Hammerstein war eine der größten Baumwollspinnereien in Preußen. Die Fabrikantenvilla am Hang oberhalb der Fabrik ist erhalten (StAW).

Schneidergeselle Peter Nothjung (1821-1866), der mit Engels gemeinsam von Köln nach Elberfeld gekommen und hier zum persönlichen Adjutanten von Mirbach ernannt worden war, wurden kurz nach ihrem Aufbruch in die Pfalz verhaftet. Am 16. November 1849 wurde gegen 193 Personen vor dem Assisienhof zu Elberfeld Anklage erhoben. 28 der Angeklagten waren flüchtig, einer dieser Flüchtigen war Friedrich Engels. Gegen Engels wurde jedoch nur Anklage wegen der Requirierungen in Hammerstein und Gräfrath erhoben. So schrieb der Oberprokurator in Elberfeld am 28.3.1860 an den Justizminister Simons: »Er habe (...) mit zwanzig bewaffneten Personen mit Gewalt und Tätigkeiten sich der öffentlichen Macht widersetzt« und »durch Mißbrauch des Ansehens und der Gewalt zu dieser Tat gereizt« und habe »mit einer Bande und mit offener Gewalt in dem Königlichen Zeughaus zu Gräfrath Armatur- und Montierungsstücke geplündert.« (zitiert nach Gemkow 1958: 351)

Links: Karikatur von Otto von Mirbach als Revolutionär mit Heckerhut und Bart. Mirbach wurde zu zwei Jahren Haft verurteilt, konnte aber fliehen (Vincent von Zuccamaglio, Spott mit der Zeichenfeder, Koblenz 1849, S. 7); rechts: Elberfelder Gefängnis 1850. Das Gebäude befand sich rechts neben dem heutigen Von der Heydt-Museum, Turmhof/Ecke Burgstraße (StAW).

Ein Brief aus dem Elberfelder Gefängnis an Karl Marx

Die Verhandlungen begannen im April 1850, fast ein Jahr nach den Ereignissen. Von Mirbach, Hühnerbein und Nothjung zählten zu den militärischen Köpfen des Aufstandes und waren deshalb in gesonderten Zellen untergebracht. Friedrich Wilhelm Hühnerbein schrieb aus der Haft Briefe an Ferdinand Freiligrath und Karl Marx, dem die Flucht nach London geglückt war. Friedrich Wilhelm Hühnerbein, »Hausschneider« der Familie Engels und während des Revolutionsjahres auch der der Redaktionsmitglieder der *Neuen*

Rheinischen Zeitung, außerdem deren Aktionär und gelegentlich auch Wuppertaler Korresponden, hatte sich mit Karl Marx, Georg Weerth und Ferdinand Freiligrath angefreundet. Jetzt erkundigte er sich nach dem Verbleib der Gefährten, natürlich auch nach Engels, und schrieb am 3.10.1849 an Karl Marx: »Wir können Wein trinken, rauchen etc. Hingegen werden die anderen armen Teufel schlechter wie das Vieh behandelt, und man macht keinen Unterschied, ob sie politische Untersuchungsgefangene oder bereits verurteilte Räuber oder Mörder sind.« (Zitiert nach MEGA III, 2: 397)

In dem Brief an Marx kommen die existenziellen Sorgen um die eigene Familie und Kinder als auch die hohe Anerkennung zum Ausdruck, die Hühnerbein für Marx empfand: »(D)ennoch muss ich dir gestehen, daß du mich politisch denken gelehrt, daß du mein Polarstern bist, der mich in dem jetzigen politischen Schiffbruch zu dem Hafen führen soll, worin dem Menschen die Rechte gewährt werden, die ihm die Natur angewiesen hat.« (Ebd.) In den 1870er Jahren besuchte Friedrich Engels bei einem seiner Aufenthalte in Barmen seinen alten Bekannten, den »Revolutionsgeneral«, der nun auf der Schuchardstraße (Nr. 3) wieder seine Schneiderwerkstatt mit mehr als 30 Angestellten betrieb und ein anerkanntes Mitglied der Stadtgesellschaft war.

Karl Marx in London 1861. Es könnte sein, dass der Rock, den er hier trägt, aus der Werkstatt des Schneidermeisters Hühnerbein in Barmen stammte und noch nicht bezahlt worden war ...

Otto von Mirbach wurde zu zwei Jahren Haft verurteilt, ihm gelang jedoch die Flucht aus dem Gefängnis. Peter Nothjung wurde wie Hühnerbein zunächst freigesprochen, doch dann in einen anderen, weit spektakuläreren Prozess verwickelt, den Kölner Kommunistenprozess (1851/52), und dort zu fünf Jahren Festungshaft und lebenslanger Polizeiaufsicht verurteilt.

Das Gerichtsgebäude des Landgerichts Elberfeld war gerade im Bau, als der Prozess gegen die 124 Mai-Angeklagten stattfand. Friedrich Engels hatte sich durch Flucht entzogen (Reiner Rhefus).

Ein Rätselgedicht im »Elberfelder Kreisblatt«

Im »Elberfelder Kreisblatt« erschien 1850 ein Rätselgedicht zu einem Mann, in dem die Leser unschwer Friedrich Engels erkennen konnten. Adolf Schults hatte die Zeilen verfasst und privat an Freunde versandt. Doch über Umwege gelangten sie in die Zeitung– vermutlich das erste publizierte Gedicht über Friedrich Engels.

»Das ist Herr Friedrich ...«
Der Apfel fiel weit vom Stamm!
Der frömmste Vater des Sprengels
Erzog einen »Gottverdamm«.

Erst hat er hottentottisch
Den Herrgott malträtiert,
Und dann gar sanscülottisch
Die Städte verbarrikadiert.

Ganz Danton + Robespierrisch
Erschien er zu Elberfeld
Und wär' das Ding nicht so närrisch,
So hieß' er vielleicht ein Held.

Der genialste der Bengels
War auf der Schul' er schon;
Gott tröste den alten Herrn –
Über seinen verlorenen Sohn.

Das »Elberfelder System« – Vorbild für kommunale Armenpflege

Die Erfahrung der sozialen Unruhen und der Revolution waren 1852, drei Jahre nach der Revolution, sicherlich einer der Gründe für die Reform des »Elberfelder Armenwesens«. Im katholischen *Rheinischen Kirchenblatt* hatte Adolph Kolping schon 1846 geschrieben: »Wenn die gefertigten Waren wie Eisberge sich auf dem Lager häufen, dann trifft die Absatzflaute zunächst den Arbeiter, setzt diesen außer Wirksamkeit und Brot (...), während der Fabrikant (...) eine Weile zusehen kann, Zeit hat, seinen Vorrat loszuwerden. Was aus den Leuten wird, die ihren Lebensfaden an die Maschine geknüpft haben, steht diese still, mag er als Mensch bedauern, kann ihn als Geschäftsmann, in dessen Katechismus nur Soll und Haben steht, nicht kümmern.« (zitiert in Feldmann 1991: 39) Kolping erfasste ähnlich wie Engels hier die Auswirkungen der kapitalistischen Krisen auf die Arbeiterschaft, die nun nur noch ihre eigene Arbeitskraft zu verkaufen hatte.

Engels hatte in den »Elberfelder Reden« von 1845 als Alternative zur Revolution neben der wirtschaftlichen Planung, der schrittweisen Einführung der Gütergemeinschaft und der kostenlosen Bildung auch »eine totale Reorganisation des Armenwesens« gefordert. Nach seinen Vorstellungen sollten »sämtliche brotlosen Bürger in Kolonien untergebracht [werden], in welchen sie mit Agrikultur- und Industriearbeit beschäftigt und ihre Arbeit zum Nutzen der ganzen Kolonie organisiert würde. Bis jetzt hat man die Kapitalien der Armenverwaltung auf Zinsen ausgeliehen und so den Reichen neue Mittel gegeben, die Besitzlosen auszubeuten. Man lasse endlich einmal diese Kapitalien wirklich zum Nutzen der Armen arbeiten, man verwende den ganzen Ertrag dieser Kapitalien, nicht bloß ihre drei Prozent Zinsen, für die Armen, man gebe ein großartiges Beispiel der Assoziation von Kapital und Arbeit! Auf diese Weise würde die Arbeitskraft aller Brotlosen zum Nutzen der Gesellschaft verwendet, sie selbst aus demoralisierten, gedrückten Paupers in sittliche, unabhängige, tätige Menschen verwandelt und in eine Lage versetzt, die sehr bald den vereinzelten Arbeitern beneidenswert erscheinen und die durchgreifende Reorganisation der Gesellschaft vorbereiten würde.« (MEW 2: 547f.)

Anfang 1853 trat die Reform des »Elberfelder Armenwesens« in Kraft. Um die hohe Zahl der Armen in der dicht besiedelten Stadt zu erfassen und notdürftig zu verpflegen, wurden dezentral ehrenamtliche Armenpfleger eingesetzt und eine auf 14 Tage beschränkte Hilfe gewährt, die verlängert werden konnte. Einer der Gründer war der Bankier Daniel von der Heydt, der Bruder des Handelsministers, der während der Revolution von den Revolutionären als Geisel festgesetzt worden war. Die Reform gilt als erste wirksame Anpassung der Armenpflege an die Industriegesellschaft und war über Jahrzehnte Vorbild für kommunale Armenpflege in Deutschland.

Das Armenpflegedenkmal (Replik des Denkmals von 1903) vor der Reformierten Kirche erinnert an die Reformer der Armenpflege in Elberfeld, darunter den Bankier Daniel von der Heydt (Reiner Rhefus).

Auf dem »Familienfriedhof« Engels

Das Gräberfeld der Familie Engels in Unterbarmen mit den drei Stelen der Familien Caspar Engels (links), Friedrich Engels sen. (Mitte) und August Engels (rechts). Die Grabplatten erinnern an (v.l.n.r.) Hermann Engels und dessen Ehefrau Emma Croon sowie an Luise Engels, Ehefrau von August Engels (Reiner Rhefus).

Die Mittelachse des Friedhofs. Links die Grabstele der Familie Molineus; am Ende des Weges, links des Kreuzes, liegen die Gräber der Familie Engels (Reiner Rhefus).

Der Friedhof in Unterbarmen gehört zu den bemerkenswertesten der Stadt. Er wurde im Mai 1822, wenige Tage nach der Gründung der »Vereinigten-evangelischen Gemeinde«, eröffnet und am Berghang schachbrettartig parzelliert. Am oberen Ende der Mittelachse stand das Kreuz, darunter lagen die Pastorengräber. Die Familie Engels, von der die Initiative zur Gründung der Gemeinde ausging, erwarb schon bei Gründung die Grabstätten am oberen Ende des Mittelweges. Neben denen von Friedrich Engels sen. und seinen Brüdern finden sich auch die vieler Verwandter, die in die namhaften Unternehmerfamilien der Stadt geheiratet hatten – man kann also in gewisser Weise von einem »Familienfriedhof« der Familie Engels sprechen.

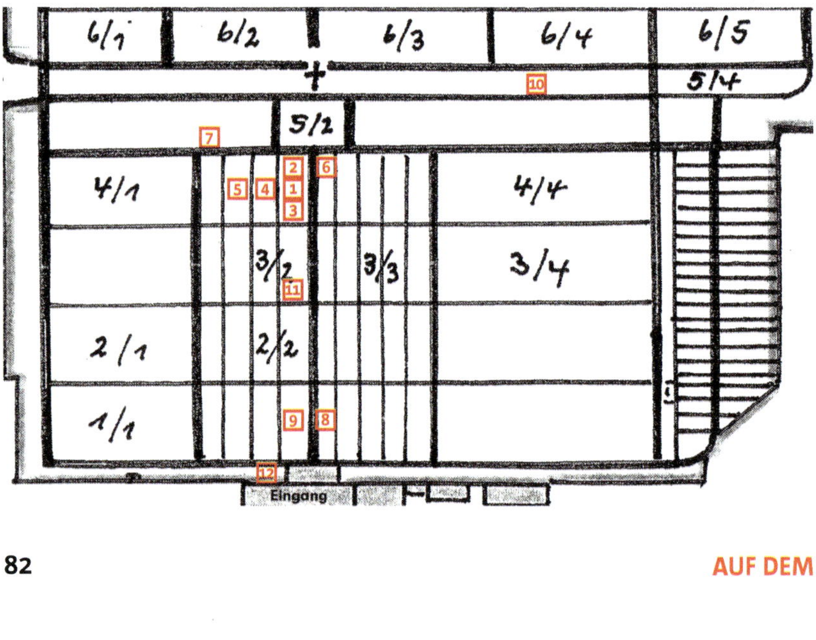

Unterbarmer Friedhof, unterer Teil: (1) Friedrich Engels sen. (Feld Nr. 4/2); (2) Familie August Engels; (3) Familie Caspar Engels; (4) Hermann und Emma Engels; (5) Rudolf und Mathilde Engels; (6) Elisabeth Klara Schuchard (Feld Nr. 4/3); (7) Grabstein Wilhelm August Bredt (Feld Nr. 5/1); (8) Ignaz Lindl (Feld Nr. 1/3); (9) Grabstele Familie Molineus, Grab Ida Molines (Feld Nr. 1/2); (10) Familie Oskar Jäger, Selma Jäger (Feld Nr. 6/4); (11) Grab Alfred Dobbert (siehe S. 161); (12) Grab Johann und Helene Bredt, geb. Engels

Stammbaum der Familie Engels (Auswahl)

- **ohann Caspar Engels** (1753-1821)
  Ⅎanufakturbesitzer in Barmen
  auherr des Hauses Engelsstr. 12
  ⚭ **Johanna Korten** (1761-1790)
  ⚭ **Luise Friederike Noot** (1762-1822)
  - **Johann Caspar Engels** (1792-1863) [3]
    Teilhaber des Rohseiden-Hauses Caspar Engels u. Söhne, Barmen
    Ab 1822 im Haus Engelsstr. 12
    ⚭ **Wilhelmine Julie Overbeck** (1795-1846)
    ⚭ **Alwine Platzhoff**, verwitw. Kampermann (1804-1849)
    - **Johann Caspar** (1816-1889), im Wohnhaus Engelsstr. 12
      ⚭ **Luise Kampermann** (1815-1844)
    - **Julius Engels** (1818-1883)
      Rittergutsbesitzer in Sachsen-Anhalt
      ⚭ **Ottilie A. Kampermann** (1826-?)
      ⚭ **Luise A. Platzhoff** (1804-1849)
    - **Robert Engels** (1819-1892)
      Gutsbesitzer in Farmsen bei Hamburg
      ⚭ **Karoline Wilhelmine Ottilie Fickenday** (1835-1885)
- **enjamin Engels** (1751-1820)
  eilhaber der Firma
  Caspar Engels und Söhne«
  auherr des Hauses Engelsstr. 6
  - **Friedrich Engels** (1796-1860) [1]
    Teilhaber von Fabriken in Barmen, Engelskirchen und Manchester
    ⚭ **Elisabeth van Haar** (1797-1873)
    - **Friedrich Engels** (1820-1895)
      Fabrikant in Manchester
      Rentier in London
      ⚭ **Lydia Burns** (1827-1878)
    - **Hermann Engels** (1822-1905) [4]
      Teilhaber Ermen & Engels u. Friedr. Engels & Comp., Barmen
      ⚭ **Emma Croon** (1834-1916)
      - **Selma Engels** (1856-1950) [10]
        ⚭ **Oscar Jäger** (1856-1925)
        Fabrikbesitzer in Barmen und Düsseldorf
      - **Klara Marie Engels** (1860-?)
        ⚭ **Wilhelm Pferdmenges** (1851-1930),
        Teilhaber der Baumwollfirma Pferdmenges, Preyer & Co., Liverpool
      - **Elisabeth Erna Klara Engels** (1874-1963) [6]
        ⚭ **Arthur Schuchard** (1862-1939)
        Letzte Privatbesitzer des Engelsgartens
    - **Marie Engels (Blank)** (1824-1901)
      ⚭ **Emil Blank** (1817-1893)
      Fabrikant in Barmen,
      Gutbesitzer in Leutesdorf, Rhein
      - **Emil Blank** (1846-1896)
        ⚭ **Susan Rose Shiley**
        Inhaber der Fa. E. Blank, in London
      - **Marie Blank** (1847-1869)
        ⚭ **Robert Barthels** (*1836)
        Fabrikbesitzer in Barmen
      - **Cecilie Blank** (1855-1928)
        ⚭ **Carl Vorwerk** (1847-1907)
        Inhaber der Barmer Teppichfabrik Vorwerk & Co.
    - **Anna Engels (von Griesheim)** (1825-1853)
      ⚭ **Adolf Wilhelm von Griesheim** (1820-1894), Teilhaber Ermen & Engels, Engelskirchen
    - **Emil Engels** (1828-1884)
      Maschinenfachmann,
      Teilhaber Ermen & Engels, Engelskirchen
      ⚭ **Charlotte Bredt** (1833-1912)
      - **Elisabeth Engels** (1861-1931)
        ⚭ **Carl Alexander Erbslöh** (1854-1917)
        Fabrikbesitzer in Barmen
      - **Luise Engels** (1863-1945)
        ⚭ **Gustav Adolf Wesenfeld** (1857-1900)
        Fabrikbesitzer in Barmen
    - **Hedwig Engels (Boelling)** (1830-1904)
      ⚭ **Friedrich Wilhelm Boelling** (1816-1884), Fabrikant in Barmen
      - **Klara Boelling** (1856-1886)
        ⚭ **Eduard Gustav Wittenstein** (1848-1908)
        Dr. Phil. und Fabrikbesitzer,
        Wohnhaus Friedrich-Engels-Allee 155
      - **Friedrich Wilhelm Boelling** (1859-1914)
        ⚭ **Hedwig Bayer** (1865-1914),
        Tochter des Firmengründers Friedrich Bayer
    - **Rudolf Engels** (1831-1903) [5]
      Textilfachmann, Fabrikant in Barmen,
      Allee 121
      ⚭ **Mathilde Remkes** (1831-1905)
      - **Anna Engels** (1861-1945)
        ⚭ **Hermann Alexander Linkenbach** (1854-1919), Teilhaber der Seidenbandfabrik »Bellingroth & Linkenbach«
        Wohnhaus Allee 121
    - **Wilhelm Engels** (1832-1833)
    - **Elise Engels (von Griesheim)** (1834-1912)
      ⚭ ab 1854
      Adolf Wilhelm von Griesheim (1820-1894)
  - **August Engels** (1797-1874) [2]
    Fabrikbesitzer, Beigeordneter, Kreistags-abgeordneter, Wohnhaus Engelsstr. 6
    ⚭ **Katharina C.L. Krebs** (1801-1871)
    - **Friedrich August Engels** (1824-1955)
      Kaufmann in Barmen
      ⚭ **Maria de Weerth** (1834-?)
      - **Friedrich August Engels** (1850-1921)
        Kaufmann in Barmen,
        Gutsbesitzer Marienforst bei Godesberg
        ⚭ **Anna Mathilde Meyer-Jost** (*1853)
        Wohnhaus: Engelsstr. 11
      - **Helene Engels** (1855-1931) [12]
        ⚭ **Johann Bredt** (1847-1917)
        Teilhaber der Futterstoffweberei »De Werth & Comp.«
        Wohnhaus Engelsstr 6
    - **Ida Engels (Molineus)** (1822-1884) [9]
      ⚭ **Albert Molineus** (1814-1889)
      Inhaber der Bandfabrik Molineus u. Co.
  - **Louise Engels** (1799-1845)
    ⚭ **C.W. Moritz Snethlage** (1792-1871)
    Pfarrer der Unterbarmer ev. Gemeinde,
    Wohnhaus Brucherstr. 12/14,
    ab 1842 Oberhofprediger in Berlin

Es wurden vornehmlich Personen aufgenommen, die in diesem oder in anderen Kapiteln erwähnt werden. Zu verwandten Familien gehörten Bredt, Wittenstein, Molineus, Schuchard, Vorwerk und Boelling.

»FAMILIENFRIEDHOF« ENGELS

Mit Ausnahmegenehmigung am Grab des Vaters

Als der Vater Friedrich Engels sen. verstarb …

Im März 1860 erkrankte Friedrich Engels sen. an Typhus und sein Tod war abzusehen. Die Familie in Barmen setzte nun all ihren Einfluss ein, um in Berlin, bei der preußischen Regierung, eine Ausnahmegenehmigung zu erlangen, damit der älteste Sohn den Vater noch einmal sehen könne. Der Versuch hatte Erfolg: Über Carl Snethlage, den Onkel von Friedrich und Hofprediger in Berlin, und den Justizminister Louis Simons, einen Elberfelder, erhielt die Wuppertaler Polizeibehörde die allerhöchste Anweisung, den gesuchten Friedrich Engels bei der Einreise unbehelligt zu lassen. Der Vater war über diese Tage verstorben und Friedrich kam nur noch rechtzeitig, um an dessen Beerdigung teilzunehmen. Nach der Rückkehr schrieb er am 8.4.1860 an Marx: »(D)ie paar Polizisten in Barmen, die mir begegneten, gaben mir military salute, das war alles.« (MEW 30: 42) Begraben wurde der Vater auf dem Unterbarmer Friedhof.

Grabstätten von Friedrich Engels sen. (S. 84 l.), Bruder Hermann Engels (S. 84 r.), die Onkel August Engels (S. 85 l.) und Johann Caspar Engels (S. 85 r.) (Reiner Rhefus)

Die Mutter verlegte ihren Lebensmittelpunkt nach Engelskirchen, wo die Fabrik und die vom Vater erbaute Villa Braunswert lag (siehe Seite 98/99). Hier besuchte Friedrich Engels sie gelegentlich und kam zur »Sommerfrische«. In dem vom Düsseldorfer Gartenarchitekten Joseph Clemens Weyhe angelegten Park mit der Lindenallee am Ufer der Agger fühlte er sich wohl und konnte sich ausruhen.

Als die Mutter 1873 starb und ebenfalls auf dem Unterbarmer Friedhof bestattet wurde, verbrachte Engels einige Wochen in Engelskirchen und Barmen.

Gleich neben dem Grab der Eltern liegen auch die beiden Brüder Rudolf und Hermann und deren Frauen und zum Teil Kinder bestattet, rechts und links davon die beiden Onkel August und Johann Caspar und weitere Nichten und Neffen. In der Nähe stoßen wir auch auf den Gedenkstein für Johann Wilhelm Leipoldt. Er war der Pastor, der den jungen Friedrich bei der Konfirmationsvorbereitung unterrichtete.

... durfte der Sohn Friedrich Engels jun. wieder einreisen.

Auch Friedrichs jüngster Bruder Rudolf (1831-1903) ist in Unterbarmen bestattet. Er war in Paris und Krefeld zum Seidenkaufmann ausgebildet worden und heiratete Mathilde Remkes (1831-1905), eine Tochter des Bürgermeisters von Krefeld. Die Familie wohnte an der Allee 121, in der Nähe der Unterbarmer Hauptkirche (Historisches Zentrum Wuppertal).

Die Grabplatte von August Bredt. Sie liegt unscheinbar auf einem Grabfeld, auf dem viele später abgebaute Grabsteine dicht beieinander zusammengestellt wurden (Reiner Rhefus).

Wilhelm August Bredt – Jugendfreund und Ankläger

Wilhelm August Bredt war als junger Mann befreundet mit Friedrich Engels. Als 30-Jähriger sammelte der Jurist Beweismaterial gegen seinen revolutionären Freund (StAW).

In der Nähe des Familiengrabes Engels wurde August Bredt (1817-1895) bestattet. Bredt war ein Barmer Jugendfreund von Friedrich Engels und von 1854 bis 1879 Oberbürgermeister von Barmen. Pikanterweise leitete Bredt ab Mai 1848 als Justizbeamter die Untersuchung gegen die Elberfelder Revolutionäre, zu denen auch Friedrich Engels gehörte.

Als 18-Jähriger hatte Engels mit Bredt Freundschaft geschlossen, als sich beide in Bremen aufhielten. An seine Schwester Marie schrieb er damals: »Ich hab' jetzt auch einen Hund, den ich von August Bredt aus Barmen bekommen habe, als er hier fortging. Es ist ein hübscher junger Wachtelhund, viel größer als der edle Mira und total verrückt. Er zeichnet sich durch viel Talent zum Kneipen aus. Des Abends, wenn ich in einer Restauration esse, sitzt er immer dabei und läßt sich sein Teil abtreten oder hospitiert bei allen, die da sind. Auch zeichnet er sich durch ein total unsichtbares Halsband aus. Schwimmen kann er ausgezeichnet, aber er ist zu wahnsinnig, um Kunststücke zu lernen. Eins hab' ich ihm beigebracht, wenn ich ihm sage: Namenloser (so heißt er), das ist ein Aristokrat, so wird er grenzenlos wütend gegen den, den ich ihm zeige, und knurrt scheußlich.« (MEW 41: 503f.)

Grab von Ignaz Lindl und seiner Frau Elisabeth, geb. Völkl (1790-1841) (Reiner Rhefus)

Ignaz Lindl – ein möglicher Inspirator

Kurz hinter dem Eingangsgebäude, gegenüber dem Obelisken der Familie Molineus, wo auch Ida Molineus, die von Engels verehrte Nichte,[10] und ihr Ehemann Albert bestattet liegen, steht der Grabstein eines möglichen Ideengebers von Friedrich. Der Erweckungsprediger Ignaz Lindl (1774-1845) war Gründer einer christlichen Kommune von deutschen Auswanderern in Russland. Nach seiner Ausweisung aus dem Zarenreich fand er im Barmer Bruch bei der Familie Engels eine warme Aufnahme und ein neues Zuhause. Ignaz Lindl war ein enger Vertrauter und religiöser Freund von Friedrich Engels' Onkel Johann Kaspar und wohnte in einem der Nachbarhäuser. Friedrich wird durch Lindl schon in seiner Jugend mit der Idee des gedeihlichen religiösen und wirtschaftlichen Miteinanders in Berührung gekommen sein. Auch der Erlösungsgedanke, der sich im Pietismus wie bei den Erweckungsbewegungen findet, fand Eingang in marxistisches Gedankengut.

[10] Siehe hierzu im Kapitel »Herkunft, Kindheit und Jugend«, S. 27.

Selma Jäger und Elisabeth Schuchard – Kontakte zu den Barmer Verwandten

Als 54-Jähriger besuchte Engels Barmen, als 1873 seine geliebte Mutter bestattet wurde. Aber auch der ältere Engels und mittlerweile europaweit bekannte Mentor der sozialistischen Arbeiterbewegung pflegte immer noch die Kontakte zu seinen Verwandten in Barmen. Als eine Nichte, Elisabeth Engels, im März 1895 heiratete und der Großonkel in London eingeladen wurde, musste der alte Herr wegen »Frühjahrsleiden« absagen. Doch er wünschte dem jungen Paar »recht viel Glück zu ihrem neuen Ehestand nebst einer sich mehr durch Gesundheit als durch Anzahl auszeichnenden Nachkommenschaft« (MEW 39: 444).

Elisabeth (1874-1963) und ihr Mann Arthur Schuchard (1862-1939) liegen im Familiengrab Schuchard bestattet, das sich auf der anderen Seite des Weges, gegenüber den Familiengräbern Engels, befindet. Das Ehepaar wohnte in der Villa Hermann Engels und verkaufte das Grundstück, den heutigen Engelsgarten, zu Beginn der 1950er Jahre an die Stadt Wuppertal.

Vier der fünf Kinder von Hermann Engels im September 1938 im Engelsgarten: Elisabeth Schuchard (l.) und ihre Schwester Selma Jäger (m.), Klara Pferdmenges, geb. Engels (r.), dahinter Walter Engels (1869-1943) (StAW)

Der Obelisk der Grabanlage ist Johann Schuchard gewidmet, einem Mitbegründer der evangelischen Gemeinde, der als Landtagsabgeordneter die erste Kinderschutz-Gesetzgebung in Preußen anstieß. Noch drei Monate vor seinem Tod erhielt Engels Besuch von Oscar Jäger, dem Ehemann seiner Nichte Selma. Jäger sah das neue Haus, in das Engels eingezogen war, und lernte das Ehepaar Freiberger kennen, das sich nun um den alten Herrn kümmerte. So blieben die Verwandten in Barmen über ihren berühmten Verwandten in London im Bilde. Das Grab von Oscar und Selma Jäger liegt etwas oberhalb der Gräber von Friedrichs Eltern.

Auf dem Friedhof finden sich mehrere weitere Gräber der Familie Jäger, die zu den Gründerfamilien der Unterbarmer Gemeinde zählten. Carl Jäger war 1834 ein Nachbar von Friedrich Engels auf dem Neuenweg und betrieb eine Farbstoffhandlung. Im Jahr 1858 nahm Carl Jäger jun. als erster Fabrikant in Deutschland die Produktion von Fuchsin auf, einem chemisch erzeugten Teerfarbenprodukt. Das Barmer Unternehmen wurde damit zum Vorreiter für die Erzeugung von chemischen Farbstoffen – statt der bisher nur möglichen natürlichen Farbstoffe wie die vom väterlichen Unternehmen gehandelten Holzextrakte. 1862 war die Firma »Carl Jäger« einer von fünf deutschen Teerfarbenherstellern, die auf der Weltausstellung in London vertreten waren. Sie gehörte zu den Pionieren der Farbenindustrie in Deutschland, aus der der heute so bedeutende Bayer-Konzern hervorging.

Links: Obelisk der Ruhestätte Johann Schuchard. Im Hintergrund die Grabstelen für Friedrich Engels sen. und August Engels;
rechts: Grabstein Oscar und Selma Jäger (Reiner Rhefus)

Carl Siebel, »Das Kapital« und Marx' zweiter Besuch im Wuppertal

Karl Marx im »Hotel Weidenhof«

Linke Seite: Das »Hotel Weidenhof« lag an der »Alten Freiheit« gleich an der Wupperbrücke, die zum Bahnhof auf dem Döppersberg führte (StAW).

Das Gesuch der Familie Engels um die Ausnahmegenehmigung zur Einreise von Friedrich anlässlich des Todes seines Vaters hatte in Berlin eine Diskussion über ein Amnestiegesetz für die Revolutionäre von 1849 in Gang gesetzt. Im Januar 1861 wurde dann tatsächlich ein Amnestiegesetz erlassen. Nun konnten auch andere politische Migranten wieder ihre Heimat besuchen. Marx nutzte diese Möglichkeit schon vier Monate später. Ihm lag daran, alte politische Freunde aufzusuchen, seinen Aufenthaltsstatus in Preußen zu regeln und politische Projekte voranzutreiben, etwa die Herausgabe einer gemeinsamen Arbeiterzeitung mit Ferdinand Lassalle. Deshalb traf er sich mit Lassalle in Berlin, von wo er anschließend nach Elberfeld reiste, um Carl Siebel (1836-1868) zu treffen, mit dem er ebenfalls über die Zeitung sprechen wollte. Siebel war ein Vetter von Friedrich, der 1859 für einige Zeit in Manchester gewohnt hatte. Aus dieser Zeit war Siebel mit Marx, dessen Frau und anderen Weggenossen Engels' gut befreundet.

Siebel wählte für Marx' nur eintägigen Aufenthalt das »Hotel Weidenhof« in der Nähe des Elberfelder Bahnhofs aus. Hier hielt auch die regelmäßig nach Barmen verkehrende Droschke. Möglicherweise wollte Siebel damit den Aufenthalt von Marx verschleiern, denn Siebel selbst wohnte in Barmen, und sein Freundeskreis in der Gesellschaft »California« – in die er Marx einführte – befand sich auch in Barmen.

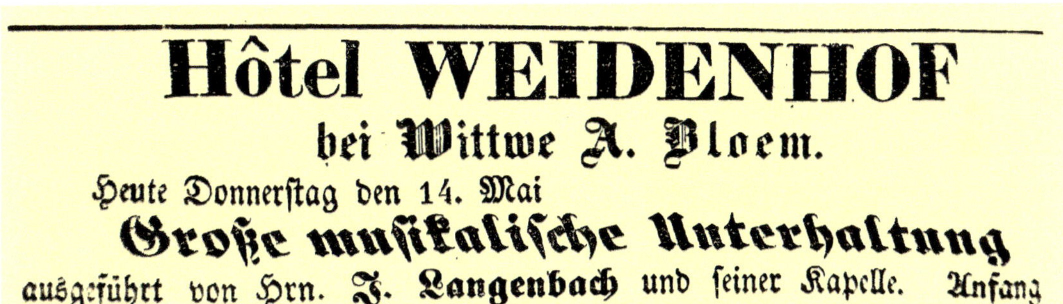

Es wird »Große musikalische Unterhaltung« angeboten: Anzeige im »Elberfelder Kreisblatt« vom 12.5.1846.

Am 16. April traf Marx mit dem Zug in Elberfeld ein. Auch er traute offensichtlich nicht den Amnestiebestimmungen und der preußischen Polizei. In die amtlich verordneten Fremdenlisten der Stadt Elberfeld trug er nicht seinen wirklichen Namen ein, sondern ein Pseudonym: »Willams, mit Familie, Rentier aus Frankfurt«. Nach Elberfeld besuchte Marx noch die Städte Köln, Trier, Aachen, Rotterdam und Amsterdam, bevor er Engels in England in einem Brief vom 10. Mai 1861 Bericht erstattete. Über seinen Besuch bei Siebel im Wuppertal schrieb er: »In Elberfeld Siebel besucht. Bei ihm zu Nacht gegessen in Barmen. Schöne junge Frau, singt gut, bewundert ihren Carl, gefiel

links: Karl Marx 1861; rechts: Carl Siebel, Gemälde von Richard Seel (Von der Heydt-Museum).

mir gewissermaßen. Siebel der alte. Sein Hauptumgang ein liberaler Journalist (früher Münsterkorrespondent der ›Neuen Rheinischen Zeitung«), Poeten, Musiker, Maler. Der beste davon schien mir Seel zu sein. Siebel brachte mich in die Barmer ›California‹, fade Burschen. Sie brachten mir einen Toast. Ich ließ durch Siebel erklären, ich sei heiser, so daß er für mich mit einigen Späßen, die jedoch am right place waren, antwortete. Siebel sagt, daß sein Vater ihm alles nachmacht, Versemachen und Trinken, so daß es heißt: Der Stamm fällt nicht weit vom Apfel.« (MEW 30: 168)

Die polemische Streitschrift, die Karl Marx gegen »Herrn Vogt« verfasste, wurde verboten und zu einem ökonomischen Desaster. Marx wandte sich an Siebel mit der Bitte um 60 bis 100 Thaler.

Werbung für »Das Kapital« – das erste Exemplar an Carl Siebel

Carl Siebel war wie Friedrich ein Kaufmannssohn mit starken literarischen Ambitionen. Während Siebel sich in Manchester aufhielt, »kümmerte« sich Friedrich um ihn und berichtete darüber an die Mutter, die um Informationen für die besorgten Verwandten bat. Nach seiner Heirat kehrte Siebel zurück nach Barmen und entwickelte sich zu einem anerkannten Heimatdichter. Zugleich war er über fast zehn Jahre, von 1859 bis 1868, ein treuer Freund von Marx und Engels und wichtiger Unterstützer ihrer Projekte. Mit Siebels Wirken sind viele Aktivitäten der beiden Kommunisten in Manchester und London, im Rheinland und deutschlandweit verbunden. Siebel war ihr »politischer und organisatorischer Arm« im Wuppertal und im Rheinland.

Im Auftrag von Marx führte er Gespräche mit Carl Klings in Solingen, einem Vorstandmitglied des Allgemeinen Deutschen Arbeitervereins. Siebel kümmerte sich um Verleger und Druckereien für ihre Schriften und pflegte

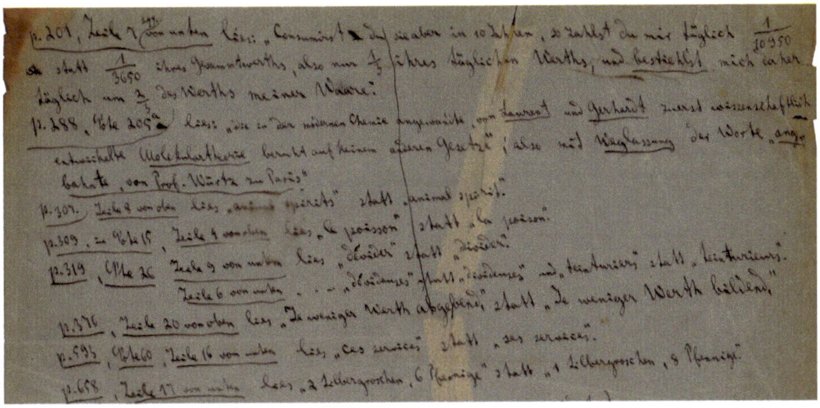

Handschriftliche Druckfehler-Korrekturhinweise von Engels zu Band I für die 2. Auflage des »Kapital« (IISG)

Kontakte zu diversen Zeitungen im Rheinland. Gerade in der renommierten *Elberfelder Zeitung*, aber auch in der linksliberalen *Barmer Zeitung* erschienen häufiger als anderswo Rezensionen und Notizen über die Publikationen und Broschüren von Marx und Engels.

Am bedeutsamsten war die Werbekampagne für Marx' Hauptwerk, »Das Kapital«. Hierzu konnte Siebel zahlreiche Rezensionen in westdeutschen Zeitungen lancieren. Engels bediente sich dabei einer besonderen Taktik: Er verfasste Rezensionen, die »Das Kapital« angriffen oder gar verrissen, und dadurch erhielt Siebel erst die Möglichkeit, diese Rezensionen in bürgerliche – und in der Regel antisozialistische – Zeitungen zu bringen. Gelegentlich stellte Siebel auch frech die Bedingung, dass seine begehrten Feuilleton-Artikel nur dann in dem Blatt erscheinen könnten, wenn zugleich auch eine Notiz über »Das Kapital« gebracht würde. In einigen Fällen hatte er damit Erfolg.

Die erste Rezension in einem »bürgerlichen« Blatt erschien in der *Elberfelder Zeitung*, einer damals hoch angesehenen Zeitung im Rheinland. Marx

Das Kapital, Erstausgabe von 1867. Carl Siebel erhielt ein persönliches Exemplar von Karl Marx mit Widmung.

Barmer Zeitung.

Diese Zeitung erscheint täglich mit Ausnahme der Sonn- und Feiertage. — Vierteljähriger Pränumerations-Preis 1 Thlr. 2½ Sgr., per Post bezogen 1 Thlr. 5¾ Sgr.
Inserate aller Art werden aufgenommen und kostet die gespaltene Zeile oder deren Raum 1 Sgr. — Expeditionen: In Barmen: Alten Markt Nr. 85 und Nr. 13; Wupperfeld: bei Hrn. Robert Schmid Berlinerstraße Nr. 33; Wichlinghausen: bei Hrn. Karl Siever, Thalstraße Nr. 58; Unterbarmen: bei Hrn. Constantin Schmalenberg, Alleestraße; — in Elberfeld: Kipdorf Nr. 412.

№ 58. | Verantwortlicher Redacteur: Friedr. Staats. | Donnerstag den 9. März | Druck und Verlag von Friedr. Staats in Barmen. | 1865.

• Die Preußische Militärfrage und die Deutsche Arbeiterpartei.

Barmen, 8. März 1865.

Die Broschüre von Engels, die sich über obige Gegenstände verbreitet, ist, wie wir gestern berichtet, erschienen. Sie untersucht die preußische Militärangelegenheit nach allen Richtungen, hauptsächlich vom preußischen Standpunkt aus, und kommt zu folgendem Resultate: „Bei der obigen Kritik des Reorganisationsplanes haben wir uns, wie gesagt, lediglich an die thatsächlich vorliegenden politischen und militärischen Verhältnisse gehalten. Zu diesen gehört die Voraussetzung, daß unter den jetzigen Umständen die gesetzliche Feststellung der zweijährigen Dienstzeit für die Infanterie und Fußartillerie die höchste zu erreichende Verkürzung der Dienstzeit war. Wir sind sogar der Meinung, daß ein Staat wie Preußen den größten Bock begehen würde — sei an der Regierung, welche Partei da wolle — wenn er die normale Dienstzeit augenblicklich noch mehr verkürzte. So lange man die französische Armee auf der einen, die russische auf der andern Seite hat, und die Möglichkeit eines combinirten Angriffs Beider zu gleicher Zeit, braucht man Truppen, die die ersten Elemente der Kriegsschule nicht erst vor dem Feind zu lernen haben. Wir nehmen daher keinerlei Rücksicht auf die Phantasten von einem Milizheer mit sozusagen gar keiner Dienstzeit; wie man sich die Sache vorstellt, ist sie heute für ein Land von 18 Millionen Einwohnern und sehr exponirten Gränzen unmöglich, und selbst für andere Verhältnisse nicht in dieser Weise möglich."

„Nach allem Vorhergegangenen: Waren die Grundzüge des Reorganisationsplans für ein Abgeordnetenhaus annehmbar, das sich auf den preußischen Standpunkt stellt? Wir sagen, aus militärischen und politischen Gründen: die Vermehrung der Cadres in der durchgeführten Weise, die Verstärkung der Friedensarmee auf 180- bis 200,000 Mann, die Zurückschiebung der Landwehr ersten Aufgebots in die große Armeereserve oder zweite Feldarmee resp. Re-

kann die Bourgeoiskammer nur verneinend auftreten, sie ist rein auf die Defensive verwiesen; indessen geht die Regierung angreifend vor, interpretirt die Verfassung auf ihre Weise, maßregelt die liberalen Beamten, annullirt die liberalen städtischen Wahlen, setzt alle Hebel der büreaukratischen Gewalt in Bewegung, um den Bürgern ihren Unterthanenstandpunkt klar zu machen, nimmt thatsächlich eine Position nach der andern, und erobert sich so eine Stellung, wie sie selbst Manteuffel nicht hatte. Inzwischen geht das budgetlose Geldausgeben und Steuer-Erheben seinen ruhigen Gang, und die Armee-Reorganisation gewinnt mit jedem Jahr ihres Bestehens neue Stärke. Kurz, der in Aussicht stehende endliche Sieg der Bourgeoisie erhält von Jahr zu Jahr einen revolutionäreren Charakter, und die täglich sich mehrenden Detailsiege der Regierung auf allen Gebieten erhalten mehr und mehr die Gestalt vollendeter Thatsachen. Dazu kommt eine von Bourgeoisie wie Regierung vollständig unabhängige Arbeiterbewegung, die die Bourgeoisie zwingt, entweder den Arbeitern sehr fatale Konzessionen zu machen, oder gefaßt zu sein, im entscheidenden Augenblick ohne die Arbeiter agiren zu müssen. Sollte die preußische Bourgeoisie unter diesen Umständen den Muth haben, auszuharren bis aufs Aeußerste? Sie müßte sich seit 1848 wunderbar verbessert haben — in ihrem eignen Sinn — und die Compromißsehnsucht, die sich in der Fortschrittspartei seit Eröffnung dieser Session tagtäglich aussenfzt, spricht nicht dafür. Wir fürchten, die Bourgeoisie wird auch diesmal keinen Anstand nehmen, sich selbst zu verrathen."

Man erkennt aus dieser Schlußdarstellung des zweiten Abschnittes seiner Untersuchung, daß der Verfasser wenig Vertrauen zu der Beharrlichkeit der parlamentarischen Opposition hat. Wir, die wir den Dingen hier näher stehen, können durchaus nicht seine Ansicht theilen; vielmehr sind wir der Ueberzeugung, daß sie dem bestehenden Ministerium Schritt vor Schritt das Terrain streitig machen, und sich nicht in eine Sackgasse drängen lassen wird. Die ganze Darstellung Engels erinnert uns an die Zeiten nach der Julirevolution, als Börne und Heine nach Paris ausgewan-

schluß, der übrigens viel böses Blut macht, wird als Anlage abgedruckt. Man ist darin einig, daß ein solcher Beschluß wohl für eine absolute, nicht aber für eine constitutionnelle Monarchie paßt. Nachdem noch der Bericht über den Etat der Forstverwaltung verlesen worden, beschäftigte sich die Commission mit dem Etat der Domainen-Verwaltung. Die Berathungen sollen ohne hervorragendes Interesse gewesen sein.

Deutschland.

CS Berlin, 7. März. Ueber die Stellung des Abgeordnetenhauses zum Ministerium waltet ein unglücklicher Stern. Die angestrebte Verständigung wird aus den widersprechensten Ursachen schwierig, vielleicht unmöglich. Früher behauptete die Regierung, das Abgeordnetenhaus für die neue Militärreorganisation gar nicht nöthig zu haben, und kümmerte sich deshalb auch gar nicht um die von demselben ausgesprochenen Wünsche und Forderungen, sondern führte sie eben ein und durch, wie sie dieselbe in ihrem ursprünglichen Plan dargestellt hatte. Dieser Auffassung verdanken wir bekanntlich die budgetlose Regierung seit Jahren, wie die Entwicklung der Lücke in unserer Verfassung. Jetzt nun ist das Ministerium plötzlich von einer großen Scheu vor dem Abgeordnetenhause befallen, wie der Kriegsminister in der Militärcommission mitgetheilt hat. Die Sorge mit einem Vorschlag, den Sinn der Majorität doch nicht genau zu treffen, hält, wie der Kriegsminister versichert, das Ministerium jetzt ab, überhaupt einen Vorschlag zu machen, der die Commission an das Abgeordnetenhaus oder vielmehr an die öffentliche Meinung des Landes enthält, mit welchen der Friede hergestellt werden könne. Bis jetzt hat das Ministerium seit vier Jahren erklärt, es könne an seinem Plane nicht ein Titelchen verändern. Der Minister des Innern, Graf Eulenburg, hat erst noch vor wenigen Wochen im Abgeordnetenhause erklärt: man müsse sich auf andern Punkten zu verständigen suchen, an der Militärreorganisation werde niemals nichts geändert werden,

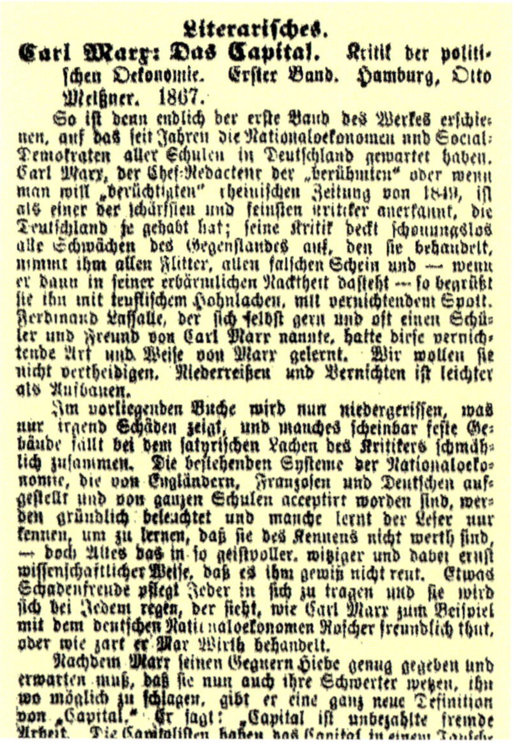

Literarisches.

Carl Marx: Das Capital. Kritik der politischen Oekonomie. Erster Band. Hamburg, Otto Meißner. 1867.

So ist denn endlich der erste Band des Werkes erschienen, auf das seit Jahren die Nationaloekonomen und Social-Demokraten aller Schulen in Deutschland gewartet haben. Carl Marx, der Chef-Redacteur der „berühmten" oder wenn man will „berüchtigten" rheinischen Zeitung von 1849, ist als einer der schärfsten und feinsten Kritiker anerkannt, die Deutschland je gehabt hat; seine Kritik deckt schonungslos alle Schwächen des Gegenstandes auf, den sie behandelt, nimmt ihm allen Flitter, allen falschen Schein und — wenn er dann in seiner erbärmlichen Nacktheit dasteht — so begrüßt sie ihn mit teuflischem Hohnlachen, mit vernichtendem Spott. Ferdinand Lassalle, der sich selbst gern und oft einen Schüler und Freund von Carl Marx nannte, hatte diese vernichtende Art und Weise von Marx gelernt. Wir wollen sie nicht vertheidigen. Niederreißen und Vernichten ist leichter als Aufbauen.

Im vorliegenden Buche wird nun niedergerissen, was nur irgend Schäden zeigt, und manches scheinbar feste Gebäude fällt bei dem satyrischen Lachen des Kritikers schmählich zusammen. Die bestehenden Systeme der Nationaloekonomie, die von Engländern, Franzosen und Deutschen aufgestellt und von ganzen Schulen acceptirt worden sind, werden gründlich beleuchtet und manche lernt der Leser nur kennen, um zu lernen, daß sie des Kennens nicht werth sind, — doch Alles das in so geistvoller, witziger und dabei ernst wissenschaftlicher Weise, daß es ihm gewiß nicht reut. Etwas Schadenfreude pflegt Jeder in sich zu tragen und sie wird sich bei Jedem regen, der sieht, wie Carl Marx zum Beispiel mit dem deutschen Nationaloekonomen Roscher freundlich thut, oder wie zart er Max Wirth behandelt.

Nachdem Marx seinen Gegnern Hiebe genug gegeben und erwarten muß, daß sie nun auch ihre Schwerter wetzen, ihn wo möglich zu schlagen, gibt er eine ganz neue Definition von „Capital." Er sagt: „Capital ist unbezahlte fremde Arbeit.

Die preußische Militärfrage und die deutsche Arbeiterpartei.

Von Friedrich Engels.

Hamburg. Otto Meißner. 1865.

jubelte, als er die Ausgabe vom 2. November 1867 in Händen hielt. Damit war eine erste Bresche in die befürchtete »Mauer des Schweigens« geschlagen.

Als der Verleger des »Kapital«, Otto Meißner in Hamburg, entgegen der Anweisung von Marx kein Exemplar an Siebel, wohl aber an dessen Freund Rittershaus gesandt hatte, war Siebel beleidigt. Marx sandte ihm am 10. November 1867 nach Madeira unverzüglich sein eigenes Exemplar und schrieb, sich entschuldigend, hinzu: »Ich übersende Dir vorläufig dies mir persönlich zur Verfügung stehende Exemplar. Gleichzeitig schrieb ich an Meißner, soll ihn der Teufel holen! Ich habe ihn doch angewiesen, Dir das *erste* Exemplar zu schicken, das in Deutschland erscheint. Ich hoffe, daß Madeira Dir von Nutzen sein wird.« (MEW 31: 570) Carl Siebel hielt sich zur Kur in Madeira auf, las dort das Buch und schrieb weitere Rezensionen. Doch er war lungenkrank und starb schon im Alter von 32 Jahren. Neben dem Marx-Freund Ludwig Kugelmann in Hannover war Siebel zum wichtigsten Propagandisten für »Das Kapital« in Deutschland geworden.

Anerkannter Dichter und Freund der Revolutionäre

Es war allgemein bekannt, dass Siebel mit den Revolutionären Marx und Engels befreundet war. Dies stand nicht der Anerkennung entgegen, die er bei den Honoratioren des Wuppertals genoss. Als 1863 ein Prachtband über »Elberfeld und Barmen. Beschreibung und Geschichte dieser Doppelstadt des Wupperthals« herauskam, der den höchsten Repräsentanten der Städte, den Bürgermeistern Lischke und Bredt, sowie dem Polizeipräsidenten Hirsch gewidmet war, kam Carl Siebel die Ehre zu, ein Gedicht als Prolog zu verfassen (im Folgenden auszugsweise zitiert nach Langewiesche 1863: 3-5). Darin sprach er den besonderen Geist seiner Heimat an: die Industrie und die Arbeit.

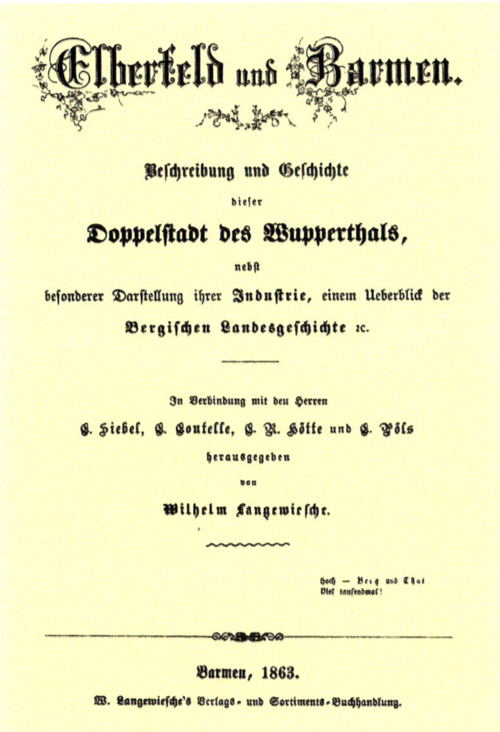

Elberfeld und Barmen.

Beschreibung und Geschichte

dieser

Doppelstadt des Wupperthals,

nebst

besonderer Darstellung ihrer Industrie, einem Ueberblick der

Bergischen Landesgeschichte ꝛc.

In Verbindung mit den Herren

C. Siebel, C. Coutelle, C. R. Hötte und C. Pöls

herausgegeben

von

Wilhelm Langewiesche.

Hoch — Berg und Thal
Viel tausendmal!

Barmen, 1863.

W. Langewiesche's Verlags- und Sortiments-Buchhandlung.

Bei der Erstellung des illustrierten Prachtbandes über Elberfeld und Barmen, des ersten über die Doppelstadt, übernahm Carl Siebel eine tragende Rolle (Historisches Zentrum Wuppertal).

Linke Seite: oben: »Barmer Zeitung« vom 9.3.1865: Carl Siebel sorgte für die prominente und wohlwollende Besprechung von Engels' »Die preußische Militärfrage und die deutsche Arbeiterpartei« auf der Titelseite (Stadtbibliothek Wuppertal). links unten: von Carl Siebel veranlasste Besprechung von » Carl Marx: Das Capital« in der »Barmer Zeitung« vom 6.12.1867; rechts unten: Eine Erstausgabe der Broschüre »Die Preußische Militärfrage und die deutsche Arbeiterpartei« stammt aus der Bibliothek des Barmer Lesevereins und befindet sich heute im Besitz der Stadtbibliothek Wuppertal.

Lyrik von Carl Siebel, Barmen 1866. Seine Gedichte waren sehr geschätzt. Die Ausstattung des Gedichtbandes unterstreicht das (Historisches Zentrum).

Der Heimath

Da ist die Zeit, wo des Friedens Geist,
Der Geist der Ruhe, das Thal beschattet.
Die rauchenden Türme,
die Thürme des Geistes der Arbeit,
Strömen ihren Hauch
In die Wolken der Ruhe hinein,
Und er wandert mit ihnen
Über die Hügel
Und wird, wie sie,
Ein Wölklein des Friedens!

Gruß, Geist der Arbeit, Dir!
Der Friedenswolke wird,
Wenn rast- und ruhelos
Ein Tag verschied!

Gruß, Geist der Arbeit, Dir!

Im Hirne wohnend,
in der Hand zu Haus
Bist Du die Macht,
Die auf dem Erdenrund
Das menschlich Große schafft,
Bist Du der Geist
Der Städte niederreißt,
Die Dich verläugnen;
Der Flecken wählt zum Wohnsitz seiner Thaten,
Der Hütten umschafft zu Palästen!

Gruß, Geist der Arbeit, Dir!
Geist meiner Heimath! –

(...)

Ich schreite zu Thal
Und heb meine Hände; –
Mir ist, ich müßte jed Lichtlein segnen,
das hinter Scheiben empor mir lächelt:
»Gott segne die Heimath!«

Der Kontakt zu Carl Siebel war sicherlich ein besonderer: einmal, weil Carl ein Verwandter von Friedrich, zum anderen, weil Barmen Friedrichs Heimatstadt war. Auch kann er als ein Beispiel für andere Kontakte gelesen werden, die Engels in viele Städte unterhielt. Siebel war Teil der einzigartigen politischen Diskussionsgemeinschaft, die sich in vielen Ländern Europas um Engels entwickelte. Siebels dichterisches Werk wurde auch nach seinem Tod noch häufig gewürdigt, sein politisches Engagement jedoch kaum wahrgenommen. Carl Siebels Grab auf dem Friedhof an der Bartholomäusstraße in Barmen ist erhalten.

Grabstein von Carl Siebel auf dem evangelischen Friedhof Bartholomäusstraße. Eine Lyra erinnert an Siebels Poesie. Die Grabfelder der Familie befinden sich an der Umfassungsmauer zur Germanenstraße (Reiner Rhefus).

Engels als Gast und Ratgeber bei Ermen & Engels in Engelskirchen

Die Villa »Braunswert«, der »Familiensitz« der Engels an der Agger. Friedrich Engels jun. hielt sich gerne in dem von dem Düsseldorfer Gartenarchitekten Joseph Clemens Weyhe angelegten Garten auf, wenn er gelegentlich seine Mutter und seine Geschwister besuchte (Reiner Rhefus).

An der Umgrenzungsmauer der Fabrik Ermen & Engels liegen die evangelische Kirche und das Schulgebäude, die auf Initiative der Fabrikbesitzer errichtet wurden (Reiner Rhefus).

Nach der Amnestie von 1861 konnte Engels wieder legal nach Preußen reisen und besuchte dann gelegentlich auch die Familie, insbesondere die Mutter in Engelskirchen. Friedrichs Bruder Emil und der Schwager Adolf von Grießheim leiteten die Geschäfte in Engelskirchen und wohnten mit ihren Familien im Herrenhaus. Nach Fertigstellung der Produktionsgebäude und der Villa ging man an den Bau einer Kirche mit Pfarr- und Schulhaus. Zu den Arbeiter- und Meisterhäusern kam ein Gebäude für den firmeneigenen »Consum«. So entstand – ähnlich wie am Bruch in Barmen – eine geschlossene und vom patriarchalisch-fürsorglichen Geist der Familie Engels geprägte Kolonie. Für die technische Ausstattung war Emil Engels, der Techniker unter den Brüdern, zuständig. Emil bat seinen Bruder Friedrich in Manchester öfter um detaillierte Beschreibungen von englischen Maschinen, um dann die meist sehr fortschrittliche englische Technik auch in Engelskirchen einzuführen. Dort, in England, kaufte *Ermen & Engels* üblicherweise auch die Maschinen und Friedrich wurde als Ratgeber und Kontaktperson zu englischen Firmen einbezogen.

Gelegentlich übernahm der Bruder in Manchester bei Besuchen auch fürsorgliche Aufgaben der Mutter, etwa im Winter 1860, als Emil Engels zum Maschinenkauf nach Manchester kam. Die um den kränklichen Emil besorgte Mutter Elise Engels schrieb am 12. Februar 1861 an Friedrich: »(S)o übertrage ich Dir die Sorge für Emil, laß ihn nichts unternehmen, wo er sich erkälten könnte, u. rede ihm nicht zu viel Bier zu trinken, das Frühjahr ist am anrücken u. da muß er sich hüten, daß sein Blut nicht in Wallung kommt.« (MEGA[2] III/11, Brief Nr. 225, S. 236) Engels solle für ein Zimmer sorgen, »worin man Feuer machen kann, u. es ihm dann durchwärmen zu lassen, bevor er sich zu Bette legt, auch muß dafür gesorgt werden, daß das Bett ja nicht feucht ist, am besten wäre es auch etwas zu wärmen.« (Ebd.) Nach dem Tod des Vaters war Friedrich Engels jun. ausbezahlt und als Teilhaber der väterlichen Fabrik ausgeschlossen worden. Sicherlich war er jedoch beteiligt, als 1866 ein neues Spinnereigebäude mit moderner Technik, angetrieben von einer hocheffizienten Wasserturbine, errichtet wurde. Bei seinen gelegentlichen Besuchen fühlte sich Friedrich Engels besonders in dem Park und der Lindenallee am Ufer der Agger wohl. Als er sich zur Ruhe gesetzt hatte und nach London gezogen war, schrieb er am 16. Juni 1871 an seine Mutter: »Im übrigen bin ich bei gewohnter Gesundheit und Appetit, gewöhne mir mit der Zeit ein Mittagsschläfchen an, werde ersichtlich grauer von Bart und leide fast nur, wie immer, an Durst. Hoffentlich bist Du auch recht wohl und imstande, Deine Gänge in der Lindenallee an der Agger zu machen, wo ich hoffentlich auch bald wieder nach dem Essen auf der Bank liege und einschlafe.« (MEW 33: 236f.)

Erst mit der Textilkrise, die Deutschland mit der zunehmenden Globalisierung ab etwa 1970 erfasste, wurde auch die Produktion in Engelskirchen unrentabel. 1979 wurde das Werk geschlossen. Nachdem zunächst der Abriss und eine Wohnbebauung geplant waren, wurden die Bauwerke unter Denkmalschutz gestellt. Hier befinden sich heute ein Standort des Rheinischen Industriemuseums[11] und das Rathaus von Engelskirchen. Im Museum wird auf knapp 100 Quadratmetern mit vielen Exponaten anschaulich die Fabrikgeschichte gezeigt. Im Zentrum steht ein interaktives Fabrikmodell, anhand dessen die Besucher*innen u.a. verfolgen können, wie Baumwollgarn entstand. Erläutert werden auch die ambivalenten Sichtweisen von Vater und Sohn Engels auf die Chancen und Nachteile der Industrialisierung für Arbeiterschaft und Unternehmer. Angeregt werden soll zudem ein Nachdenken über die Frage: »Was bedeutet Arbeit heute, im Zeichen gravierender Krisen und Veränderungen?«

[11] LVR-Industriemuseum Kraftwerk Ermen & Engels, Engels-Platz 2, 51766 Engelskirchen

Auch die Lindenallee am Ufer der Agger, die Friedrich Engels jun. gerne zur Mittagsruhe nutzte, ist auf dem Gelände des Standorts des Rheinischen Industriemuseums erhalten. Es informiert über Engelskirchen als einem Schauplatz der »großen« Geschichte und zieht Verbindungen mit anderen prominenten Stätten der Industrie- und Sozialgeschichte des 19. Jahrhunderts wie Manchester (Reiner Rhefus).

Der Bruch in späteren Jahren

Die 1870 errichtete Villa von Hermann Engels am Neuen Weg. Dahinter lag der private Engelsgarten (StAW).

Die Allee und die Adlerbrücke um 1880. Links die Villa von Marie und Emil Blank (StAW)

Friedrichs Lieblingsschwester Marie Blank, geborene Engels. In den Jahren bis 1857, als die Familie Blank in London lebte, besuchte Friedrich Engels sie dort häufig (Hirsch 1968).

Villa Blank

Hinter dem Haus von August Engels, etwa gegenüber der Adlerbrücke und inmitten eines großen Gartens, stand das Haus von Emil Blank und Marie Engels (1824-1901), Friedrichs vier Jahre jüngerer Lieblingsschwester. Während Friedrich in Bremen weilte, unterhielten die beiden einen sehr unterhaltsamen und witzigen Briefverkehr, der uns heute viel über das Denken des jungen Friedrich und die damaligen Lebensumstände erzählen kann. Später

Emil Blank, Engels' Schwager, war 1848 ein Unterstützer der »Neuen Rheinischen Zeitung« (Porträt Gesellschaft Concordia, Wuppertal).

heiratete Marie einen Gesinnungsgenossen von Friedrich, den »Kommunisten« – so Friedrich – Emil Blank. Blank betrieb in London sehr erfolgreich eine Handelsfirma in »Barmer Artikeln« und unterstützte zugleich Projekte seines Schwagers, etwa die *Neue Rheinische Zeitung*, das Revolutionsorgan, das Friedrich in Köln während der Revolution von 1848/49 als stellvertretender Chefredakteur leitete. Das Ehepaar Blank hatte die Villa 1858 errichtet, nachdem es von London wieder nach Barmen umgesiedelt war. Emil Blank gehörte nun zu den angesehensten Bürgern und engagierte sich als kultureller Mäzen, etwa bei der Gründung des Barmer Kunstvereins.

Das Stammhaus von Barthels-Feldhoff

Das hellblaue Haus in der Friedrich-Engels-Allee 384, das »Barthels-Haus« gleich neben den beiden Engels-Häusern, war über etwa 130 Jahre das Stammhaus des Unternehmens Barthels-Feldhoff. Es wurde 1962, kurz nachdem die Stadt das Engels-Haus erworben hatte, von seinem ursprünglichen Standort am Wupperfelder Markt an den Engelsgarten transloziert und ist eines der frühen denkmalpflegerischen Projekte in der Stadt Wuppertal. Das ursprünglich nur wenige Jahre nach den Engels-Häusern errichtete Gebäude zeigt den Stilwandel hin zum Empire und Klassizismus. Das Haus ist von klassizistischen Elementen – dem flach geneigten Dach, dem Dreiecksgiebel, dem angedeuteten Mittelrisalit und den Mauerblenden an den Gebäudeecken – geprägt. Doch es weist auch noch barocke und Empire-Elemente auf, etwa die Zopfmuster an der Haustür und im Giebel. Das Haus ist somit eine interessante Ergänzung zu den beiden Engels-Häusern.

Das Barthels-Haus wurde um 1800 errichtet und gehörte dem geschäftlichen Konkurrenten von Friedrich Engels sen., Philipp Barthels-Feldhoff. Das Haus, ursprünglich im Osten Barmens gelegen, wurde 1962 an diesen Ort am Engelsgarten transloziert (Reiner Rhefus).

Das Gebäude wurde um 1800 für Carl Theodor Wuppermann in Wupperfeld errichtet und 1829 von Philipp Barthels (1794-1874) erworben, dem geheimen Kommerzienrat und Begründer der Nähgarnfabrik Barthels-Feldhoff. Diese Fabrik war in den 1850er Jahren der bedeutendste Konkurrent für das Engelssche Unternehmen in Engelskirchen, das ebenfalls Nähgarn produ-

zierte. Barthels-Feldhoff stellte ein besonderes Garn her, »Eisengarn«, das durch eine Behandlung mit Paraffin und Wachs besonders stabil wurde und einen seidenen Glanz erhielt. Karl Theodor Wuppermann und Philipp Barthels-Feldhoff, beide Bewohner des Hauses, gelten als die Erfinder des Verfahrens. Friedrich Engels sen. beobachtete beständig die Produktivität der konkurrierenden Fabrik, die Qualität und den Absatz der Garne von Barthels-Feldhoff. Im Februar 1857 schrieb Engels sen. an seinen Sohn: »Ich glaube (...) bei den enorm hohen Seidenpreisen wird man so viel wie möglich wohlfeilere Surrogate benutzen. Ich bin überzeugt, Eisengarn wird künftig immer zur Fabrikation gebraucht werden, wenn die Stoffe davon auch nicht dauerhaft sind, so besitzen sie doch ganz die Anforderungen der Jetztzeit: Billigkeit bei brillantem Äußeren!« (MEGA III/8: 366)

Villa Hermann Engels

In den 1870er Jahren veränderten sich Barmen und der Barmer Bruch stark. Die Werkstätten waren verschwunden, die Produktion war nach Engelskirchen verlagert worden, in die Fabrik Ermen & Engels. Die Neffen und Nichten, die jetzt in den beiden Engels-Häusern leben, betrieben dort florierende

Die 1870 errichtete Villa von Hermann Engels am Neuen Weg. Dahinter lag der private Engelsgarten (StAW).

Die Villa von Hermann Engels, Gartenseite (StAW)

Auf der rechten Seite: Das Wohnzimmer der Villa mit dem großen Gemälde von Friedrich und Hermann Engels' Mutter an der Wand. In der Villa hatte die Mutter einen eigenen Wohnbereich.

Seidenhandelsunternehmungen. Der Bruch wurde vornehmer. Nachdem Friedrich als ältester Sohn, aber eben auch als Sozialist in den Augen des Vaters für die hauptverantwortliche Leitungsaufgabe im Unternehmen ausfiel, übernahm Hermann, der Zweitälteste, diese Rolle. Nach dem Tod des Vaters leitete er im Auftrag der Mutter das Familienunternehmen. Gleichzeitig war er Kirchmeister in der Gemeinde und Stadtverordneter im Barmer Stadtrat.

Die beiden Brüder Rudolf und Hermann und ihre Familien hatten zunächst in einem Haus an der Allee in der Nähe der Hauptkirche gewohnt. Um 1870 ließ sich Hermann eine eigene Villa im Engelsgarten (ehemals Neuer Weg 6) bauen. Aus der früheren Bleichwiese wurde nun ein kleiner privater Park mit schön angelegten Wegen, Springbrunnen und Badehaus. Friedrich besuchte gelegentlich seine Brüder und Verwandten in Barmen. Vor allem mit Hermann gab es einen regelmäßigen Briefkontakt. Hermann bezog etwa über Friedrich besondere französische Weine, die am besten in der Hafenstadt Liverpool zu bekommen waren, und Friedrich ließ sein Bankkonto beim »Barmer Bankverein« von Hermann verwalten.

Mit zunehmendem Alter entwickelten die Brüder ein immer freundschaftlicheres Verhältnis. Friedrich Engels berichtete dem Bruder gerne von seinen Reisen, etwa im September 1888, als er auf einem kaum erprobten Ozeandampfer von einer USA-Reise zurückkehrte. Im Sommer 1893 verbrachten die beiden Brüder einige Tage in den Schweizer Bergen. Der gemeinsame Urlaub mit Hermann lag Engels sogar mehr am Herzen als die Einladung zum internationalen Sozialistenkongress, der zu dieser Zeit im nahen Zürich stattfand.

Friedrich liebte solche öffentlichen Auftritte nicht. In ihrer Korrespondenz fehlt auch nicht die Klage über das zunehmende Alter. Der 72jährige Friedrich schrieb an den Bruder: »Essen und Trinken schmeckt mir noch immer. Laufen kann ich auch noch ziemlich flott und gelte überhaupt für einen der jüngsten alten Männer in London. Dahingegen muß ich mich mit dem Rauchen sehr einschränken, weil mir das sowie der gute Wein und leider auch das Pilsener Bier die Herznerven etwas in Unordnung bringt und das mir den Schlaf stört.« (MEW 38: 257)

Hermann Engels, um 1887. Mit seinem ältesten Bruder war Friedrich bis ins in hohe Alter gut befreundet (Historisches Zentrum Wuppertal).

Blick auf die Häuser von Caspar und August Engels. Eine Mauer trennte den Garten von der Engelsstraße. Aufnahmen vermutlich 1916 (StAW).

Gelegentlich merkte man auch am Bruch in Barmen, wie populär der Onkel in London war. So etwa im Oktober 1890, als die Verbotsära des »Sozialistengesetzes« zu Ende ging und die Sozialdemokraten nach zwölf Jahren wieder legal auftreten konnten. Ein für Friedrich Engels bestimmter Brief war mit der Firmenadresse Ermen & Engels in Barmen adressiert worden. Hermann Engels, der den Brief irrtümlich geöffnet hatte – weil er ihn für einen Brief an den verstorbenen Vater hielt –, berichtete am 31.10.1890 an seinen Bruder in London (MEGA III/30: 549), ein Sozialdemokrat aus Bielefeld habe ihm begeistert geschrieben und zu dem Artikel gratuliert, den Engels für die letzte Nummer des illegalen »Sozialdemokrat« verfasst hatte.

Die beiden Engel-Häuser heute, mit dem dahinter liegenden Lagerhaus; davor die Hrdlicka-Skulptur (Gerd Neumann)

Das Seidenlagerhaus

Das Seidenlagerhaus, das heute ein Teil des Museums für Frühindustrialisierung ist, entstand um 1885. Johann Caspar Engels (1816-1889), ein Cousin von Friedrich, hatte das alte Seidenlagerhaus abreißen und ein neues errichten lassen. Schon mit der Wirtschaftskrise von 1857 hatte »Caspar Engels Söhne« die Fertigung von Spitze und Bänder aufgegeben und sich auf den Handel mit Rohseide konzentriert. Seide wurde zeitweise auf fast der Hälfte aller Webstühle im Tal verarbeitet und auch das Spekulationsgeschäft mit Seide war sehr einträglich. Nach dem Tod von Johann Caspar wurde das (heutige) Engels-Haus samt Lagerhaus an die Familie Robert Kannegießer verkauft, die das Hinterhaus als Kaffeerösterei und Lebensmittellager nutzte. So hat sich bis heute der falsche Name »Kannegießersche Fabrik« für das ehemalige Seidenlagerhaus erhalten.

Das heutige Museum für Frühindustrialisierung wurde als Seidenlagerhaus errichtet. Der Kranbalken erleichterte den Transport der Seidenballen und anderer Waren (Medienzentrum Wuppertal).

Verwandte Bankiers, Fabrikanten und

Jugendfreunde in Barmen

Im Treppenhaus des Gesellschaftshauses der Concordia hängt das Porträt von Emil Blank. Dieser war Vorsitzender der »Concordia« und des »Barmer Kunstvereins« und initiierte eine städtische Kunsthalle (Reiner Rhefus).

Der Barmer Verschönerungsverein und die Familie Engels

Die Stadt Barmen wuchs in den 1860er Jahren rasant, die stadtnahen Wälder und Grünflächen drohten mehr und mehr bebaut zu werden. 1863 wurde von einigen Honoratioren der »Barmer Verschönerungsverein« gegründet. Von den elf Gründungsmitgliedern entstammten zwei der Familie Engels: Friedrichs Onkel August Engels und seine Schwester Marie sowie ihr Mann Emil Blank. Beide stellten ein Arbeitskapital von je 6.500 Talern zur Verfügung. Bis 1866 konnte man 100 Hektar erwerben und beauftragte den renommierten Landschaftsarchitekten Josef Clemens Weyhe mit der Gestaltung. 1895, im Todesjahr von Friedrich Engels, war die Anlage mit 165 Hektar der größte öffentlich zugängliche Privatpark in Deutschland. Marie Blank bezeichnete ihn als »das Juwel der Stadt« und viele der Mitglieder der Familie Engels ließen dem Trägerverein ungewöhnlich hohe Jahresbeiträge zufließen (siehe hierzu Hirsch 1970: 15).

Im Laufe der Jahre ließ der Verein im Park zahlreiche Gebäude errichten, so das Barmer Planetarium und die Stadthalle, die beide während des Krieges zerstört wurden. Unter den ebenfalls vom Verein angelegten Denkmälern und Erinnerungsplätzen finden sich auch zwei, die an Bekannte von

Die Barmer Anlagen zählen heute zu den größten deutschen Parks in Privatbesitz. Mitglieder der Familie Engels gehörten 1863 zu den Gründungsmitgliedern des Trägervereins (Reiner Rhefus).

Friedrich Engels erinnern: das Denkmal für Emil Rittershaus und der Gedenkstein auf dem Ernst-von-Eynern-Platz.

Emil Blank – Bankier und Mäzen von Kunst und Kultur

Emil Blank, der Schwager von Friedrich Engels jun., stieß 1857, als er aus London zurückkehrte, zur *Concordia* und war von 1864 bis 1867 ihr Leiter. In dieser Zeit wurde sowohl der Bau eines Konzertsaales als auch der Aufbau einer Gemäldesammlung beschlossen. Auf Anregung Blanks wurde der Konzertsaal in Proportion und Dekoration der Londoner Freemasons' Hall angelehnt und mit einer großen Konzertorgel ausgestattet. Sie war eine der größten auf dem europäischen Kontinent, die außerhalb einer Kirche zu finden war. Der Saal war 32 Meter lang, 14 Meter breit und zwölf Meter hoch und diente bis zum Bau der Barmer Stadthalle als städtischer Konzertsaal.

In den Jahren, in denen sich Emil Blank um den Bau des Konzertsaals kümmerte, war auch sein Schwager Friedrich in England als Leiter für ein Kulturprojekt engagiert. Als Präses der deutschen »Schiller-Anstalt« leitete er 1864 den Neubau des Vereinshauses, das als kultureller Mittelpunkt der

Zeichnung des von Emil Blank beförderten Konzertsaals der Concordia (StAW)

Der ehemalige Eingang zu dem renommierten Barmer Konzertsaal in der Concordienstraße. Das Gebäude beherbergte viele Jahrzehnte ein Kino (Reiner Rhefus).

Der Haupteingang zum Gebäudekomplex der Gesellschaft »Concordia« (Reiner Rhefus)

deutschen Kolonie in Manchester diente. Emil Blank übernahm 1866 auch den Vorsitz des neu gegründeten »Barmer Kunstvereins«.

Die Mitglieder wollten in der »Sektenschlucht« (Freiligrath) »Kenntnis und Besitz von Werken der bildenden Kunst ermöglichen und fördern«. Jährlich wurden Ausstellungen und Verlosungen zur »Verbreitung des Kunstsinnes« organisiert. Wichtigstes Ziel war jedoch die Einrichtung einer »Städtischen Galerie«, die zwei Jahre nach ihrer Gründung provisorisch im Gebäude des »Barmer Bankvereins« untergebracht wurde. Als Mitbegründer des Bankvereins hatte Emil Blank an dieser Regelung vermutlich maßgeblichen Anteil.

Mithilfe eines Fonds zum Bau einer Städtischen Kunsthalle hatte der Verein schließlich Erfolg: Die ansehnliche Kunstsammlung fand ihren Platz in der 1897 bis 1900 errichteten »Ruhmeshalle«, dem heutigen »Haus der Jugend«. Die obere Etage war der Präsentation von Kunst vorbehalten. Emil Blank erlebte diesen Erfolg jedoch nicht mehr, er starb im August 1893, zwei Jahre vor seinem Schwager. In den Räumen des Kunstvereins fanden später neben Kunstausstellungen auch einige historische Ausstellungen statt, die unter anderem Friedrich Engels und seine Aktivitäten thematisierten – so etwa 1970 und 2020, zu den Jubiläen oder auch 1998/99 zum 150. Jahrestag der Revolution von 1848/1849.

Die Ruhmeshalle, heute »Haus der Jugend«, wurde auf Initiative des »Barmer Kunstvereins« errichtet. In den Ausstellungsräumen in der oberen Etage waren zu den Jubiläen von Friedrich Engels, dem 150. und dem 200. Geburtstag, die Sonderausstellungen zu seinem Leben und Wirken zu sehen (Reiner Rhefus).

Verwandt mit Fabrikantenfamilien in Barmen

Friedrich Engels besuchte in den letzten Jahren seines Lebens seine Heimatstadt Barmen nicht mehr. An seinen Freund August Bebel schrieb er anlässlich einer bevorstehenden Reise nach Deutschland am 23. Juli 1892: »Nach Barmen gehe ich nicht, da hab' ich so viele Neffen und Nichten, daß ich mit den Anstandsvisiten allein in 14 Tagen nicht fertig würde. Aber nach Engelskirchen, wo meine Brüder abwechselnd sommerfrischen, will ich auf ein paar Tage.« (MEW 38: 406)

Die meisten Geschwister Friedrichs und deren Kinder blieben dem Wuppertal verbunden und heirateten in angesehene Familien hinein. Über diese

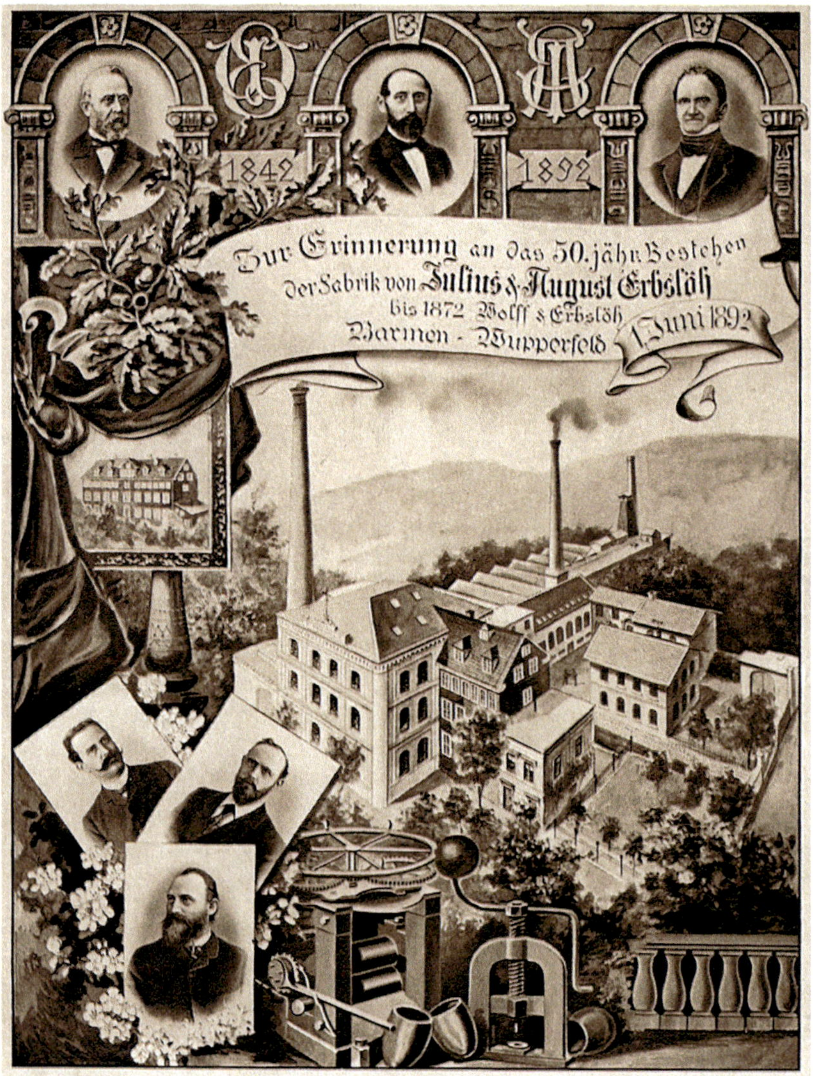

Festblatt zum 50-jährigen Bestehen der Fa. Julius & August Erbslöh aus dem Jahr 1892. Der vordere Teil der abgebildeten Gebäude blieb erhalten (STAW).

Heiraten war Friedrich Engels etwa mit den Fabrikantenfamilien Blank, Wittenstein, Bredt, Erbslöh, Caron und Wesenfeld, Schuchard, Jäger, Molineus, Vorwerk, Bayer und Boelling verwandt.

Die Kinder von Emil Engels, einem weiteren Bruder von Friedrich Engels, blieben mit dem Wuppertal verbunden. Von den sechs Töchtern heirateten vier in alteingesessene Barmer Unternehmerfamilien, die in Barmen chemische Unternehmen, Walzwerke und Knopffabriken besaßen. Elisabeth (1861-1931) heiratete Carl Alexander Erbslöh (1854-1917), Teilhaber der Firma »Jul. u. Aug. Erbslöh«, eines Walzwerkes, das Bleche für die Knopfherstellung produzierte. Elisabeth und Alexander wohnten in Haus Rauenthal, einer schlossähnlichen Anlage in Rittershausen, und waren zudem Inhaber des Schlosses Meinberg in Unterfranken.

In dem Wohnhaus der Familie fand man vor dem Abriss ein schönes Gemälde der Engels-Fabrik in Engelskirchen, heute ein wichtiges Exponat im Engels-Haus. Adele (*1854) heiratete Karl Julius Erbslöh, Inhaber der Chemikalien-Großhandlung C.D. Erbslöh. Zwei andere Töchter heirateten in schwäbische Industriellendynastien.

Die jüngste Tochter, Johanna Charlotte (1877-?), war vermählt mit Herrmann Magirus, einem der drei Teilhaber der »C.D. Magirus Werke« in Stuttgart, die als Hersteller von Fahrzeugen und Feuerwehrgeräten Weltruhm erlangten. Der älteste Sohn Emil (1858-1907) übernahm die Aufgaben seines Vaters in Engelskirchen, sowohl im Unternehmen als auch in der Politik. Auch er pflegte die Kontakte in die Heimatstadt. So war er etwa Mitglied im Vorstand des Bergischen Dampfkessel-Überwachungsvereins in Barmen, einer der frühesten Gründungen in Deutschland.

Das Fabrikgebäude der Fa. Julius & August Erbslöh heute. Die ältesten Gebäudeteile des Firmenparks an der Berliner Straße 37-45 stammen noch aus der Lebenszeit von Friedrich Engels (Reiner Rhefus).

Auch mit Inhabern der Elberfelder Farbenfabriken Friedr. Bayer & Comp. war Engels entfernt verwandt. Der Sohn seiner Schwester Hedwig, der Neffe Friedrich Wilhelm Boelling (1859-1914), hatte 1884 Hedwig Bayer (1865-1914), eine Tochter des Firmengründers Friedrich Bayer sen., geheiratet. Friedrich Bayer jun. war Trauzeuge bei dieser Hochzeit gewesen. Boelling war Stadtverordneter, Mitglied der Gesellschaft Concordia und des »Barmer Kunstvereins«. Die Tochter Klara Boelling (1856-1886) heiratete Eduard Gustav Wittenstein (1848-1908), Teilhaber der Türkischrot-Färberei G. Wittenstein-Troost, die in den 1960er Jahren zu den größten Färbereien in Europa zählte.

Engels' Nichte Cecilie Blank (1855-1928), Tochter seiner Schwester Marie, heiratete Carl Vorwerk (1847-1907), den Gründer der Barmer Teppichfabrik Vorwerk & Co. Ihre älteste Tochter Marie (*1876) heiratete Carl August Mittelsten Scheid (1871-1955). So steht Engels mit der weltweit bekannten Vorwerk-Gruppe in verwandtschaftlicher Beziehung. Die Gräber dieser Verwandten befinden sich auf verschiedenen Wuppertaler Friedhöfen.

Friedrich Wilhelm Boelling heiratete Hedwig Bayer, Tochter des Inhabers der Elberfelder Farbenfabriken Friedr. Bayer & Comp (Ansicht um 1890).

An der Wupper in Heckinghausen sind Teile der Firma »Friedrich Wm. Boelling Mechanische Weberei in baumwollenen, halbwollenen und halbseidenen Futterstoffen« erhalten, Inhaber war Friedrich Engels' Neffe (Reiner Rhefus).

Die Färberei G. Wittenstein-Troost (Ansicht von 1926) gehörte bis in die 1990er Jahre zu den größten Färbereien in Europa.

An der Bockmühlstraße 15 liegen die Produktions- und Verwaltungshäuser der Knopffabrik »Robert Zinn, Engels & Co.«. Auf der Front des ehemaligen Kaltwalzwerkes ist noch der Schriftzug erhalten (Reiner Rhefus).

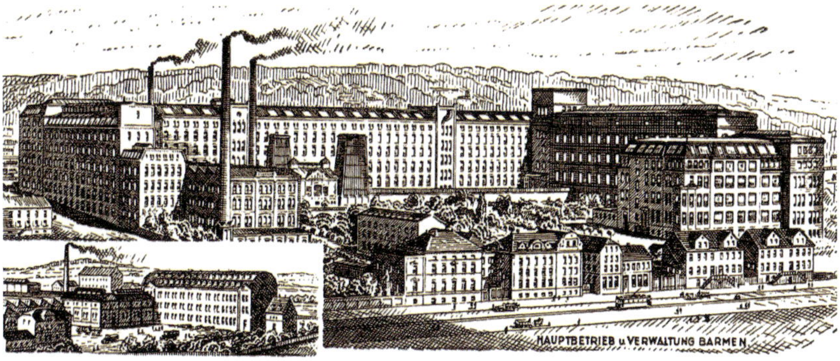

Zeichnerische Ansicht des Hauptbetriebs und der Verwaltung von Vorwerk & Co in Barmen von 1826.

Die heutige Firmenzentrale des wohl bekanntesten Weltkonzerns aus Wuppertal, Vorwerk & Co., liegt an einem Hang über der Innenstadt von Barmen (Gerd Neumann, Medienzentrum Wuppertal).

Jugendfreunde in einflussreichen Funktionen

Durch seine publizistische Tätigkeit und sein Engagement für die beständig wachsende Arbeiterbewegung war Friedrich Engels in den 1880er Jahren eine international bekannte Persönlichkeit. Einige seiner Jugendfreunde und Bekannten waren in seiner Heimatstadt zu hohen Positionen gekommen.

Der Schwager Emil Blank besaß ein florierendes Textilunternehmen und hatte an der Gründung von zwei bedeutenden Finanzinstituten mitgewirkt: dem »Barmer Bankverein« (1871) und der »Bergisch Märkischen Bank« (BMB, 1873) in Elberfeld. Die BMB wurde nach einer Kölner Bank die größte im Rheinland.

Seit 1854 war Engels' Jugendfreund August Bredt (1817-1895) Oberbürgermeister von Barmen. Als Bredts Wiederwahl 1866 von einer Streikwelle der Weber, Färber und Riemendreher überschattet wurde, unterstützte er punktuell die Forderung der Streikenden nach Arbeitszeitverkürzung und zwang die Arbeitgeber per Polizeiverordnung zu einer großzügigeren Pausenregelung. Doch er war kein Freund der Arbeiterbewegung. Als zum Ende seiner Dienstzeit (1879) in Berlin Maßnahmen gegen die Sozialdemokratie beraten

Die ehemaligen Gebäude des »Barmer Bankvereins« (Foto von 1926), bei dem Friedrich Engels ein Geschäftskonto unterhielt. Vorne das neuere, noch erhaltene, links daneben das ältere, nicht mehr erhaltene Gebäude (Köhler 1926: 54).

und auch die Bürgermeister von Barmen und Elberfeld dazu um Vorschläge gebeten wurden, schlug Bredt vor, alle Vereine zu schließen, die im Verdacht standen, mit der Sozialdemokratie zu tun zu haben.

Bredt stieß im Laufe seiner 25jährigen Amtszeit zahlreiche große Projekte an, darunter den Ausbau des Volksschulwesens, des Arbeiterschutzes, ein neues Stadttheater und ein neues Rathaus. Der Stadtchronist Gerhard Werner nannte ihn deshalb »den bedeutendsten der Barmer Oberbürgermeister«.

Auch Wilhelm Strücker (1816-1884), der Präsident der Elberfelder Handelskammer, war in seiner Jugend ein Freund von Friedrich Engels. Als junger Kontorist bei der Seidenhandlung von Friedrich Engels sen. bot er sich gelegentlich als Deckadresse für den konspirativ agierenden Friedrich an. In den 1840er Jahren besaß Strücker zwei profitable Seidengroßhandlungen (»Strücker & Cie.«, »Strücker, Coutelle & Cie.«). Seit 1865 war er Stadtverordneter in Elberfeld und 1879 wurde er dort sowohl zum Beigeordneten als auch als Vertreter des Kreises Elberfeld-Barmen in das Preußische Abgeordnetenhaus gewählt. Der Klassenkamerad und Freund aus dem Literaturkränzchen Gustav Feldmann (1820-1878) wurde Jurist und Kammerpräsident in Saarbrücken.

Barmens Oberbürgermeister August Bredt

Der Neubau des Rathauses in Barmen wurde 1874 von Oberbürgermeister Bredt veranlasst (StAW).

»Mit uns zieht die neue Zeit …« Friedrich Engels und die Wuppertaler Arbeiterbewegung

Die Anfänge der Arbeiterbewegung im Wuppertal

In den 1860er Jahren hatten sich in Deutschland zwei miteinander konkurrierende Flügel der Arbeiterbewegung gegründet: der von Ferdinand Lassalle geleitete Allgemeine Deutsche Arbeiterverein (ADAV) – die »Lassalleaner« – und die in Eisenach konstituierte Sozialdemokratische Arbeiterpartei (SDAP) um August Bebel und Wilhelm Liebknecht. Mit dieser Bewegung war erstmals in Deutschland neben die beiden bisherigen politischen Blöcke, den liberalen und den konservativen, ein dritter getreten, der sozialistische.

Linke Seite: Gedenkblatt zum Vereinigungsparteitag der Lassalleaner und der Eisenacher (1875). Von den abgebildeten Personen waren der Redakteur Wilhelm Hasselmann, der Färber und Gastwirt Wilhelm Frick (Barmen) und Karl Julius Kuhl (Langerfeld) aktiv im Tal der Wupper (Friedrich Ebert-Stiftung).

Zwischen den beiden Gruppierungen der Sozialisten gab es grundlegende Unterschiede in der politischen Strategie. Während die »Eisenacher« sich als deutscher Zweig der von Marx mitgegründeten »Internationalen Arbeiterassoziation« (IAA) verstanden, setzten die »Lassalleaner« auf einen Kompromiss mit den monarchistischen Kräften in Preußen und mit Bismarck. Sie boten ihre politische Unterstützung an und erwarteten als Gegenleistung staatlich geförderte Arbeitergenossenschaften und eine Wahlrechtsreform, bei der auch die Arbeiter Stimmrecht erhielten.

Die »Eisenacher« hingegen setzten, wie die *Neue Rheinische Zeitung* schon während der Revolution, auf ein zeitweises Bündnis mit der liberalen bürgerlichen Klasse und den Aufbau von gewerkschaftlichen und klassenkämpferischen Organisationen. Hinzu kamen Unterschiede in der Theorie, etwa bei der ökonomischen Analyse des Kapitalismus. Ein großer Streitpunkt war auch der Personenkult, der bei den Lassalleanern um ihren Gründer Ferdinand Lassalle gemacht wurde. In den 1860er und 1870er Jahren war das Wuppertal eine der Hochburgen der »Lassalleaner«. Zum ersten Stiftungsfest des ADAV im Mai 1864 war Lassalle im Wuppertal wie ein »neuer Messias« von den Arbeitern empfangen worden.

Schmuckanhänger mit Fotos von Lassalle und Marx (auf der Rückseite) um 1880 (Sammlung »S« Wuppertal)

Der Wahlkreis Elberfeld-Barmen war zugleich einer der wenigen Wahlkreise in Deutschland, in dem Kandidaten der Sozialdemokraten eine realistische Chance hatten, gewählt zu werden. So wurde hier bei den ersten freien Wahlen im Jahr 1868 – Lassalle war 1864 nach einem Duell verstorben – etwa der ADAV-Vorsitzende Baptist von Schweitzer (1833-1875) zum Abgeordneten gewählt. Da Engels diesen Lassalleanern skeptisch bis ablehnend gegenüberstand, beobachtete und kommentierte er die politische Entwicklung im Wuppertal; zu einem direkten Kontakt zwischen ihm und den prominenten Sozialisten kam es jedoch kaum.

Hugo Hillmann – Mitbegründer des ADAV

Zu den wichtigsten Personen in der Frühzeit der Wuppertaler Arbeiterbewegung gehörte Hugo Hillmann (1823-1898). Er wuchs im Wuppertaler Luisenviertel auf. Im April 1849 gehörte er dem Komitee der Elberfelder Land-

Hugo Hillmann gehörte zu den zwölf Gründungsmitgliedern des Allgemeinen Deutschen Arbeitervereins (ADAV) im Mai 1863. Auf dieser Fotografie ist ganz rechts Ferdinand Lassalle zu sehen, zudem gab es zwei Gäste. Wer von den 14 abgebildeten Personen Hugo Hillmann ist, ist nicht bekannt.

wehr an, die den Gestellungsbefehl des Königs verweigerte und zum Aufstand rief. Wie Engels floh Hillmann nach dem Aufstand nach London und wie Engels gehörte er zu den Angeklagten vor dem Elberfelder Landgericht, die sich durch Flucht der Verurteilung entzogen hatten. Vermutlich kannten sich Engels und Hillmann sowohl aus den Tagen in Elberfeld als auch der Flüchtlingszeit in London. Elf Jahre verbrachte Hillmann im Exil, bevor er 1861, als die Amnestie erlassen wurde, wieder nach Elberfeld kam.

Er wurde Gastwirt und war an der Gründung eines unabhängigen Arbeitervereins beteiligt. Im Mai 1863 reiste er als Vertreter des Elberfelder Arbeitervereins nach Leipzig und war dort einer von zwölf Gründern des Allgemeinen Deutschen Arbeitervereins (ADAV). Hillmann war der bekannteste Mitstreiter Lassalles und Agitator im Rheinland, organisierte etwa den grandiosen Empfang für Ferdinand Lassalle auf dem »ersten Stiftungsfest« im Mai 1864 im Bergischen Land. Nach dem Tod von Lassalle war er zeitweise Vizepräsident und kommissarischer Leiter des ADAV, verwickelte sich jedoch in Konflikte um die Nachfolge Lassalles und trat schließlich der von Engels unterstützten »Internationalen Arbeiter Assoziation« (IAA) bei. 1867 kandidierte Hillmann gegen den ADAV-Kandidaten von Schweitzer und nahm gelegentlich Kontakt auf zu Marx, Mitglied im Präsidium der IAA in London. Das Sozialistengesetz (1878 bis 1890) trieb Hillmann erneut ins Exil, das er in den USA verbrachte. Als er 1890 zurück ins Wuppertal kam, gehörte er zu den verehrten politischen Veteranen. Insgesamt mehr als 20 Jahre seines Lebens hatte er für seine politische Überzeugung im Exil verbracht.

Eine Tafel am Haus Untergrünewalder Straße 10 erinnert an Hugo Hillmann.

Wilhelm Liebknechts Rede auf der Generalversammlung des ADAV in Elberfeld/Barmen und die Gründung der SDAP

Im ADAV verspürte man zunehmend den Konflikt zwischen der preußisch-kleindeutsch und Bismarck-freundlichen Politik des Präsidenten von Schweitzer und der »internationalen Partei«. »Die Internationale Arbeiter-Assoziation« (IAA) hatte ihre Zentrale in London und Marx war Mitglied ihres Generalrates. Beide Flügel sahen sich als Teil der sozialdemokratischen Arbeiterbewegung. Johann Baptist von Schweitzer hielt es für geraten, einen offenen Disput über den schwelenden Konflikt auszutragen, und bot seinen Kontrahenten Liebknecht und Bebel an, auf der anstehenden Generalversammlung des Vereins im März 1869 zu sprechen. Als Ort für die Generalversammlung wurde Schweitzers sichere Hochburg, das Wuppertal, gewählt. Hier hatte er zwei Jahre zuvor einen spektakulären Wahlsieg errungen und vertrat die Wupperstädte nun im Norddeutschen Reichstag.

Engels in Manchester und Marx in London verfolgten die Vorbereitungen ihre beiden Freunde Bebel und Liebknecht skeptisch. Marx schrieb am 29.

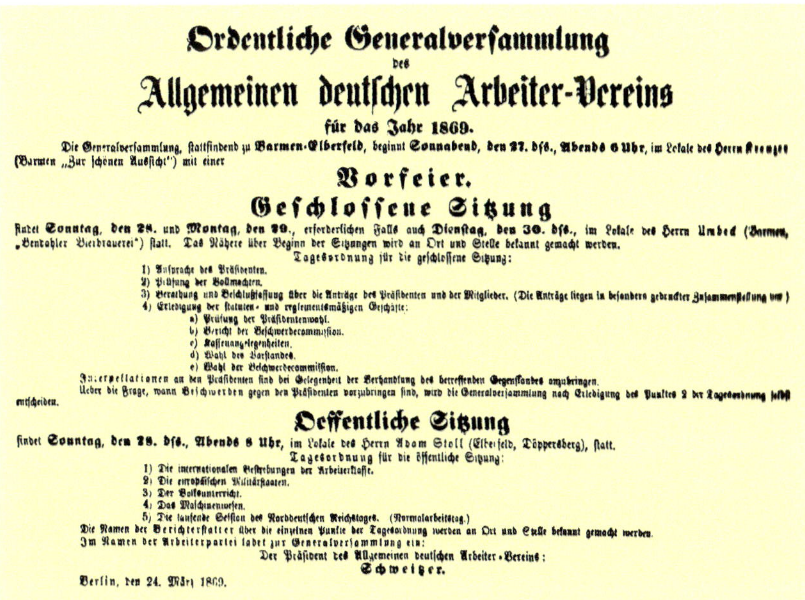

Ordentliche Generalversammlung

des

Allgemeinen deutschen Arbeiter-Vereins

für das Jahr 1869.

Die Generalversammlung, stattfindend zu **Barmen-Elberfeld**, beginnt **Sonnabend, den 27. dss., Abends 6 Uhr**, im Lokale des **Herrn Kreuzer** (Barmen „Zur schönen Aussicht") mit einer

Vorfeier.

Geschlossene Sitzung

findet **Sonntag, den 28.** und **Montag, den 29.**, erforderlichen Falls auch **Dienstag, den 30. dss.**, im Lokale des Herrn **Umbeck** (**Barmen**, „Bendahler Bierbrauerei") statt. Das Nähere über Beginn der Sitzungen wird an Ort und Stelle bekannt gemacht werden.

Tagesordnung für die geschlossene Sitzung:

1) Ansprache des Präsidenten.
2) Prüfung der Vollmachten.
3) Berathung und Beschlußfassung über die Anträge des Präsidenten und der Mitglieder. (Die Anträge liegen in besondern gedruckter Zusammenstellung vor.)
4) Erledigung der statuten- und reglementsmäßigen Geschäfte:
   a) Prüfung der Präsidentenwahl.
   b) Bericht der Beschwerdecommission.
   c) Kassenangelegenheiten.
   d) Wahl des Vorstandes.
   e) Wahl der Beschwerdecommission.

Interpellationen an den Präsidenten sind bei Gelegenheit der Verhandlung des betreffenden Gegenstandes anzubringen.

Ueber die Frage, wann Beschwerden gegen den Präsidenten vorzubringen sind, wird die Generalversammlung nach Erledigung des Punktes 2 der Tagesordnung selbst entscheiden.

Oeffentliche Sitzung

findet **Sonntag, den 28. dss., Abends 8 Uhr**, im Lokale des Herrn Adam Stoll (Elberfeld, Döppersberg), statt.

Tagesordnung für die öffentliche Sitzung:

1) Die internationalen Bestrebungen der Arbeiterklasse.
2) Die europäischen Militärstaaten.
3) Der Volksunterricht.
4) Das Maschinenwesen.
5) Die laufende Session des Norddeutschen Reichstages. (Normalarbeitstag.)

Die Namen der Berichterstatter über die einzelnen Punkte der Tagesordnung werden an Ort und Stelle bekannt gemacht werden.

Im Namen der Arbeiterpartei ladet zur Generalversammlung ein:

Der Präsident des Allgemeinen deutschen Arbeiter-Vereins:

Schweitzer.

Berlin, den 24. März 1869.

Die Einladung zur »Ordentlichen Generalversammlung« des ADAV mit Vorfeier, geschlossener und öffentlicher Sitzung »im Lokale des Herrn Umbeck (Barmen, ›Bendahler Bierbrauerei‹)«, in dem Wilhelm Liebknecht seine Ansprache an die Delegierten hielt. Später entstand dort die Zentrale der Wicküler-Brauerei.

Wilhelm Liebknecht (1826-1900) auf einem Foto aus den 1870er Jahren

März 1869 an Engels: »Auch darin zeigt sich die Fahrlässigkeit und Luderei der Kerls: Bisher haben sie mir kein einziges fact mitgeteilt, um die Anklage gegen Schweitzer wegen Hochverräterei etc. zu beweisen.« (MEW 32: 290) Engels antwortete am 2. April: »W[ilhelms] Dummheiten übersteigen alles. Der Angstschrei von Bebel war wirklich rührend. (...) Auf die grause Debatte bin ich sehr gespannt.« (Ebd.: 291)

Bebel hatte am 27. März aus Elberfeld an Marx geschrieben: »Über den Ausgang der morgigen Disputation läßt sich noch gar nichts sagen, (...) auf einen durchschlagenden Erfolg hoffen wir auf keinen Fall.« (Ebd.: 761, Anm. 320) Schweitzer und seine Anhänger hatten seinen Auftritt gut vorbereitet und inszeniert. Am Bahnhof von Elberfeld erwarteten ihn etwa 10.000 Menschen mit »stürmischem Jubel«. In einer offenen Kutsche, bespannt mit weißen Pferden, wurde er durch die Stadt gefahren. Im Saal der »Bendahler Bierbrauerei« – später stand hier die Wicküler-Brauerer – hielt Wilhelm Liebknecht seine fast zweistündige Rede. Nach der Ansprache stellte von Schweitzer die Vertrauensfrage, bei der sich 14 Delegierte, die mehr als ein Drittel der Mitgliedschaft (4.600) und Regionen wie Sachsen, Schlesien und Hamburg vertraten, der Stimme enthielten.[12] Mit mehreren Beschlüssen änderte man die Statuten, schränkte die umfassenden Vollmachten des Präsidenten ein und stellte ihm einen Vereins-Vorstand zur Seite, der alle Beschlüsse billigen musste. Engels kommentierte in einem Brief an Marx vom 6. April: »Die Abstimmung 6500 gegen 4500 war eine enorme Niederlage für Schw[eitzer], wenn auch kein direkter Sieg für Wilhelm. Die ›Kölner Zeitung‹ sagt, Schweitzer sei furchtbar konsterniert gewesen (...). Jedenfalls ist (...) seine Stellung in seinem eignen Verein schwer erschüttert.« (Ebd.: 295)

[12] Die Kritiker vertraten die Städte und Gebiete Braunschweig, Breslau und Schlesien, Altona, Hamburg und Lübeck, Thüringen: Erfurt, Gotha, Eisenach, Essen, Hannover, Hildesheim und Bremen, große Teile von Sachsen, aber auch Ronsdorf und Lüttringhausen.

Hugo Hillmann schrieb namens der IAA-Anhänger im Wuppertal am 15. April an Marx: »Unser Wahlspruch ist: ›Einigung der Bewegung, Hand in Hand mit der Internationalen Assoziation, soweit es augenblicklich die Vereinsgesetze zulassen‹, Unablässiger Kampf gegen das schmutzige Komplott Schweitzer und Konsorten.« (Ebd.: 766, Anm. 343) Und Liebknecht berichtete an einem Brief an Marx am 29. Juni: »Der Bruch mit Schweitzer ist erfolgt, und *der Sieg schon erfochten.* 3/4 des Allgemeinen Deutschen Arbeitervereins stehen schon zu uns, nächsten Sonntag haben wir Konferenz in Braunschweig, und im August wird ein Kongreß abgehalten, zu dem wir Dich, Engels und Eccarius einladen werden. *Du musst kommen. Im Notfall schaffen wir das Geld.* Du *mußt* Dich den deutschen Arbeitern zeigen. (...) Nur soviel, daß unser Auftreten in Elberfeld Schw[eitzer] moralisch vernichtet und den jetzigen Triumph ermöglicht hat (...).« (Ebd.: 768f., Anm. 363)

Die Tafel für Hillmann wurde auf Anregung des Autors angebracht, die Hausbesitzerin Irmgard Tichmann stimmte zu.

Der von Liebknecht angekündigte Kongress vom 7. bis 9. August 1869 wurde der Gründungskongress der »Sozialdemokratischen Arbeiterpartei« (SDAP) in Eisenach, die sich als Zweig der IAA verstand. Liebknecht sah die Versammlung in Elberfeld als die Zäsur, die die Gründung der »Eisenacher« erst möglich gemacht hatte. Hugo Hillmann, der Elberfelder Revolutionär von 1848, der schon 1863 Gründungsmitglied des ADAV war, war erneut unter den Gründungsmitgliedern. Er vertrat in Eisenach die 36 Mitglieder der IAA in Elberfeld und Barmen. Im Wuppertal blieben jedoch der ADAV und die Lassalleaner dominierend.

Wilhelm Hasselmann – das Zentrum der »Lassalleaner« in Westdeutschland

Als sich 1875 in Gotha die beiden widerstreitenden Flügel – die Lassalleaner und die Eisenacher – vereinigen wollten, stand Engels dieser Vereinigung kritisch gegenüber. Wilhelm Liebknecht und Wilhelm Hasselmann, einer der führenden Lassalleaner und Reichstagsabgeordneter für Elberfeld/Barmen, sollten ein gemeinsames Programm ausarbeiten. Engels machte seinem Freund Liebknecht den Vorwurf, er habe sich bei dieser Ausarbeitung »tölpelhaft benommen und sich von Hasselmann etc. über den Löffel barbieren lassen«, wie er am 3. Februar 1891 an Karl Kautsky schrieb (MEW 38: 23). Im Wuppertal war Hasselmann hingegen sehr beliebt. In manchen Wahlbezirken in der Elberfelder Nordstadt, so etwa im Bereich Friedrich-Schulstraße, erreichte Hasselmann 92% der Stimmen.

Wilhelm Hasselmann (1844-1916) Ende der 1870er/Anfang der 1880er Jahre

Doch auch Hasselmann war mit der Vereinigung nicht zufrieden. Er beanspruchte die alleinige Leitung des Parteiorgans, die man ihm verweigerte. So zog er sich in seine Hochburg im Bergischen zurück. Nach 1875 entwickelten sich Barmen und Elberfeld zum geistig-journalistischen Zentrum der »Lassalleaner« in Deutschland. Hasselmann gründete hier die *Bergische Volksstimme – Organ des arbeitenden Volkes*. Dieser Zeitung folgten als Ableger

Barmen Donnerstag

Bergische Volksstimme

Organ des arbeitenden Volkes.

Wahlresultat des Wahlkreises Elberfeld-Barmen.

In Elberfeld wurden abgegeben 12144 gültige Stimmen. Davon erhielten:
Hasselmann 5035, Bürgers 1121, Prell 4272, v. Schorlemer-Alst 1712 Stimmen. Zsp. 4 St.
In Barmen wurden abgegeben 12524 gültige Stimmen. Davon erhielten:
Hasselmann 6400, Bürgers 1711, Prell 3214, v. Schorlemer-Alst 1199 Stimmen.
In Summa Hasselmann 11,435, Bürgers 2832, Prell 7486, v. Schorlemer-Alst 2911.
Sa. der abgegebenen St. in Elberfeld-Barmen: 24,668. Mithin absolute Majorität: 12,335.
Sonach Stichwahl zwischen Hasselmann und Prell.

Titelblatt »Bergische Volksstimme« vom 11.1.1877. Wilhelm Hasselmann erreichte im ersten Wahlgang 11.435 der 24.668 abgegebenen Stimmen im Wahlkreis Elberfeld-Barmen (Stadtbibliothek Wuppertal).

Die Schule Friedrich-/Schulstraße im Arbeiterquartier an der Gathe, wo auch die »Bergische Volksstimme« ihre Redaktionsräume hatte. In diesem Wahllokal erzielte Hasselmann 92% der Wählerstimmen (Reiner Rhefus).

die *Solinger Freie Presse*, die *Duisburger Freie Zeitung* und die *Essener Freie Zeitung*. Hasselmann gab ab 1876 auch *Die rothe Fahne* als überregionales Wochenblatt in Barmen heraus. Sie wurde auch in Frankfurt/Main, Hamburg, Berlin und Dresden gelesen (siehe hierzu Bers 1973: 43), war Kristallisationspunkt der »Partei Hasselmann« und ein verdecktes Konkurrenzunternehmen zum *Vorwärts*. Man habe sich mit Hasselmann »einen Esel und für eine Zeitlang auch einen Schuft aufgeladen«, schrieb Friedrich Engels am 10. Mai 1883 verärgert an August Bebel (MEW 36: 25). Bereits 1880 war Hasselmann aus der inzwischen vereinigten Sozialistischen Arbeiterpartei wegen sozialrevolutionär-anarchistischer Ambitionen ausgeschlossen worden.

Die Gründung der Sozialistischen Internationale und der »Elberfelder Geheimbundprozess«

Das Jahr 1889 brachte einen großen Aufschwung der Arbeiterbewegung und läutete das Ende des Sozialistengesetzes ein. Seit Januar 1889 breitete sich in den deutschen Großstädten eine Streikwelle um höhere Löhne und die Verkürzung der Arbeitszeit aus. Im Wuppertal streikten Riemendreher, die Färber und die Arbeiter in den Maschinenfabriken, erstmals auch die ungelern-

»Eine Verhaftung«, Zeichnung von Benjamin Vautier, 1879 (Sammlung Udo Achten, Düsseldorf)

ten – und damit auch weniger selbstbewussten – Arbeiter in den Elberfelder Farbenfabriken. Im Mai griff die Streikwelle dann auch auf das nahe Ruhrrevier über. 150.000 Bergleute forderten die Achtstundenschicht.

Engels war begeistert über diesen ersten großen Streik im rheinisch-westfälischen Industriegebiet, da er das politische Klima veränderte und neue Spielräume für sozialdemokratische Aktivitäten schuf. Im November 1888 kam aus Frankreich der Vorschlag, anlässlich des 100. Jahrestags der Französischen Revolution einen internationalen Arbeiterkongress in Paris abzuhalten. Nun führte Friedrich Engels umfangreiche Korrespondenzen, um dem Kongress zum Erfolg zu verhelfen. An den französischen Sozialistenführer und Schwiegersohn von Karl Marx, Paul Lafargue, schrieb er am 30. April 1889: »Die Zurückhaltung der Deutschen hat einen sehr wesentlichen Grund. In wenigen Tagen findet ein Monsterprozeß gegen 128 Sozialisten aus Barmen-Elberfeld statt, und der Staatsanwalt kündigt in der Anklageschrift an, daß er nach der Verurteilung der 128 und nach Schluß der Reichstagssession erwägen wolle, alle Abgeordneten der Partei unter Anklage zu stellen, (...) Das ist der bedrohlichste Schlag, den man bisher gegen uns ausgedacht hat.« (MEW 37: 190)

Trotz des Prozesses kam wenig später unter Mitwirkung von Engels ein von Vertretern aus zehn Nationen unterzeichneter Aufruf zu einem Internationalen Arbeiterkongress zustande. Im Sommer 1889 fand in Paris die Weltausstellung statt mit seiner neuesten Attraktion, dem Eiffelturm. In der »Bekanntmachung

Titelseite eines »Pracht-Albums« zur Weltausstellung in Paris 1889. Der Eiffelturm war gerade fertiggestellt worden.

Linke Seite unten: Das hochindustrialisierte Barmen um 1870 (vom Ehrenberg aus), Ausschnitt eines Gemäldes von August von Wille

über die Einberufung des Internationalen Sozialistischen Arbeiterkongresses« hieß es: »Die Kapitalisten laden die Reichen und die Mächtigen zu der Weltausstellung ein, die Werke der Arbeiter zu betrachten und zu bewundern, die inmitten des kolossalen Reichtums, den je eine menschliche Gesellschaft besessen, zum Elend verurteilt sind. Wir Sozialisten, deren Streben die Befreiung der Arbeit, die Abschaffung der Lohnsklaverei und die Errichtung eines Gesellschaftszustandes ist, in dem alle Arbeiter – ohne Unterschied des Geschlechtes und der Nationalität – ein Recht auf den durch ihre gemeinsame Arbeit geschaffenen Reichtum haben – wir laden die wirklichen Produzenten ein, mit uns am 14. Juli in Paris zusammenzutreffen.« (MEW 21: 544)

Der SPD-Reichstagsabgeordnete Friedrich Harm aus Elberfeld-Barmen gehörte zu den Unterzeichnern. In Elberfeld versammelten sich fast 2.000 Menschen, um ihn als Vertreter der rheinischen Arbeiter nach Paris zu entsenden. Die Beschlüsse des Kongresses sollten Geschichte machen: Gefordert wurde ein universell geltender achtstündiger Normalarbeitstag. An einem Tag – dem 1. Mai – wollte man gemeinsam und international für diese Forderung eintreten. Barmen und Elberfeld gehörten dann im Mai 1890 auch zu den ersten Städten in Deutschland, in denen dieser Tag gefeiert wurde.

August Bebel vor dem Landgericht

Im November 1889 begann vor dem Landgericht Elberfeld der große »Geheimbundprozess«, mit dem die Regierung das illegale Netzwerk der Sozialdemokraten aufzudecken und zu zerschlagen suchte. Dieser Elberfelder Pro-

Das Ausflugslokal auf dem Johannisberg. Hier versammelten sich im Mai 1889 etwa 2.000 Arbeiter, um Friedrich Harm als rheinischen Arbeitervertreter nach Paris zu entsenden. Im November 1889 fand dort auch der erste Parteitag der Sozialdemokraten für die preußische Rheinprovinz statt. 2.300 bis 2.500 Vertreter aus 58 Ortschaften des Rheinlandes und Westfalens berieten über eine einheitliche Agitation und wählten ein rheinisches Agitationskomitee. Heute steht hier die Stadthalle (StAW).

Mitglieder der SAP-Reichstagsfraktion 1889 (sitzend v.l.n.r.: Georg Schumacher, Friedrich Harm, August Bebel, Heinrich Meister, Karl Frohme; stehend: Johann Heinrich Wilhelm Dietz, August Kühn, Wilhelm Liebknecht, Karl Grillenberger, Paul Singer)

zess war der letzte von zwölf großen Prozessen, die in Berlin, Hamburg und anderen Hochburgen der Sozialdemokratie stattfanden. Gegen mehr als 300 Personen hatte die Elberfelder Staatsanwaltschaft Untersuchungen eingeleitet, schließlich wurden 91 Personen angeklagt und fast 400 Zeugen vernommen. Die Justizbehörden waren bestrebt, ein deutschlandweites Netzwerk nachzuweisen, und so waren fünf sozialdemokratische Reichstagsabgeordnete, darunter August Bebel, angeklagt. Bebel entwickelte sich dabei zum Hauptverteidiger. Die meisten Angeklagten wurden freigesprochen. Friedrich Harm erhielt eine sechsmonatige Gefängnisstrafe. Nach erfolgreichem Ausgang schrieb Engels am 23. Januar 1890 an Bebel: »Gratuliere zur Elberfelder Freisprechung und nicht minder zu Deiner brillanten Führung des Prozesses, die durch die schlechten Berichte hindurch deutlich genug zu erkennen war. Es war keine Kleinigkeit mit einem Gefolge von 90 Angeklagten (...).« (MEW 37: 349)

Ein spektakulärer Wahlsieg

Errang einen spektakulären Wahlsieg in Barmen-Elberfeld: Friedrich Harm.

Im Februar 1890, nur zwei Monate nach der Urteilsverkündung in dem spektakulären Prozess, fand die mit Spannung erwartete Reichstagswahl statt. Ganz allgemein wurde ein starker Zuwachs für die Sozialdemokraten erwartet. Friedrich Harm musste als Verurteilter sein Mandat verteidigen. Friedrich Engels gab Anweisung, alle Telegramme zu jeder Nachtstunde ans Haus bringen zu lassen. Die Ergebnisse aus Berlin, Hamburg und Elberfeld ließ er sich von Eduard Bernstein, dem Chefredakteur des *Sozialdemokrat*, direkt telegraphieren.

Der Sozialdemokrat

Organ der Sozialdemokratie deutscher Zunge.

№ 10. 8. März 1890.

20 Mandate im ersten Wahlgang, 17 in der Stichwahl.

1,341,587 sozialdemokratische Wähler — 567,405 Zuwachs

Im ersten Wahlgang:

Glauchau-Meerane:
I. Auer, Sattler (Schriftsteller) in München.
Hamburg I.:
A. Bebel, Drechslermeister (Schriftsteller) in Dresden.
Hamburg II.:
J. H. W. Dietz, Buchdrucker in Stuttgart.
Greiz:
E. Förster, Zigarrenarbeiter in Hamburg.
Altona:
Karl Frohme, Schlosser (Schriftsteller) in Hannover.
Leipzig Land:
F. Geyer, Zigarrenarbeiter in Großenhain.
Nürnberg:
K. Grillenberger, Schlosser (Korrektor) in Nürnberg.
Barmen-Elberfeld:
F. Harm, Weber (Gastwirth) in Barmen.
F. Hickel, Schreiner in Mühlhausen.
Berlin VI:

In der Stichwahl wurden gewählt:

München I:
J. Birk, Gastwirth in München.
Braunschweig:
W. Blos, Schriftsteller in Stuttgart.
Bremen:
J. Bruhns, Zigarrenarbeiter in Bremen.
Mannheim:
A. Dreesbach, Tischler (Kaufm.) Mannheim.
Calbe-Aschersleben:
Aug. Heine, Hutfabrikant in Halberstadt.
Naumburg a. Saale:
M. Kaufmann, Zigarrenarbeiter in Chemnitz.
Mainz:
Franz Jöst, Tischler in Mainz.
Halle a. Saale:
Fritz Kunert, Lehrer (Redakteur) in Breslau.
Hannover:
H. Meister, Zigarren-Arbeiter in Hannover.
Ottensen-Pinneberg:
H. Molkenbuhr, Zig.-Arbeiter in Kellinghusen.
Frankfurt a. M.:
Wilh. Schmidt, Lithograph in Frankfurt.
Sonneberg:
P. Reißhaus, Schneider in Erfurt.
Königsberg i. Pr.:
Karl Schultze, Zigarrenarbeiter in Königsberg.

Friedrich Ebert

Die Sozialdemokratie im Wuppertale.

Jahr der Wahl	Sozialdemokr. Stimmen		Gewählt wurde:
1867	Hauptw. Stichw.	6110 8915	**J. B. v. Schweitzer,** Sozialdemokrat.
1871		8478	**v. Kusserow,** Liberale Reichspartei mit 9539 Stimmen.
1874	Hauptw. Stichw.	9903 12948	**Wilhelm Hasselmann,** Sozialdemokrat.
1877	Hauptw. Stichw.	11435 14246	**Andreas Prell,** Nationalliberal mit 14486 Stimmen.
1878	Hauptw. Stichw.	11325 15220	**Wilhelm Hasselmann,** Sozialdemokrat.
1881	Hauptw. Stichw.	7949 12126	**Reinhard Schmidt,** Fortschrittspartei mit 13157 St.
1884	Hauptw. Stichw.	13031 17256	**Friedrich Harm,** Sozialdemokrat.
1887	Hauptw. Stichw.	15655 18424	**Friedrich Harm,** Sozialdemokrat.
1890		18473	**Friedrich Harm,** Sozialdemokrat.
1893	Hauptw. Stichw.	19005 22605	**Friedrich Harm,** Sozialdemokrat.
1898		24145	**Hermann Molkenbuhr,** Sozialdemokrat.
1903		27056	**Hermann Molkenbuhr,** Sozialdemokrat.
1907	Hauptw. Stichw.	28256 29469	**Friedrich Linz,** Reichspartei mit 33628 Stimmen.
1912	Hauptw. Stichw.	33644 36223	**Friedrich Ebert,** Sozialdemokrat.

Linke Seite oben: Harm eroberte ein Mandat bereits im ersten Wahlgang: Titelseite »Der Sozialdemokrat« vom 8.3.1890. darunter eine Postkarte von 1912 mit den Wahlerfolgen der »Sozialdemokratie im Wuppertale«; 1912 wurde Friedrich Ebert Reichstagsabgeordneter des Wahlkreises (STAW).

Auf dem Friedhof Krummacherstraße steht die Grabstele für Friedrich Harm (Reiner Rhefus).

Im Wahlkreis Elberfeld-Barmen errang Friedrich Harm schon im ersten Wahlgang fast 52% der Stimmen, seine Konkurrenten von den Konservativen (31%), den Liberalen (13%) und der Zentrumspartei (7%) waren abgeschlagen. Wilhelm Keil erinnert sich: »Als am Abend des Wahltags unser Kandidat (...) Harm Sieger war, hätte die Begeisterung im Saal der Wilhelmshöhe nicht größer sein können, wenn an diesem Tag die sozialistische Republik ausgerufen worden wäre. Der Gewählte wurde auf den Schultern starker Männer auf die Bühne getragen, wo er unter stürmischen Ovationen die Siegesrede hielt.« (Keil 1947: 84)

Und Friedrich Engels berichtete an Marx' Tochter Laura Lafargue am 26. Februar 1890: »Seit vergangenem Donnerstagabend, als eine Flut von Telegrammen mit den Siegesmeldungen hier eintraf, befinden wir uns in einem ständigen Siegestaumel, der heute morgen, vorläufig wenigstens, den

Höhepunkt durch die Nachricht erreichte, daß wir 1.341.500 Stimmen erhalten haben. 587.000 mehr als vor 3 Jahren.« (MEW 37: 359) Der *Sozialdemokrat* erschien am Tag nach der Wahl auf rotem Papier. Auf der Titelseite wurden einzeln und in fetten Lettern die Wahlkreise aufgeführt, die von Sozialdemokraten errungen wurden, darunter der Wahlkreis Elberfeld-Barmen. Das Sozialistengesetz hatte sich als wirkungslos gegen die Sozialdemokratie erwiesen und wurde nun nicht mehr verlängert. Engels formulierte an Laura Lafargue geradezu euphorisch: »Der 20. Februar 1890 ist der Tag des Beginns der deutschen Revolution. Es mag noch ein paar Jahre dauern, bis wir eine entscheidende Krise erleben, und es ist nicht unmöglich, daß wir eine vorübergehende und ernsthafte Niederlage erleiden. Aber die alte Stabilität ist für immer dahin.« (Ebd.)

Der 70. Geburtstag und eine Parteizentrale im Engels-Haus?

Als ein Jahr nach dem Prozess Friedrich Engels seinen 70. Geburtstag feierte, erhielt er aus aller Welt Glückwünsche. Die Sozialdemokraten aus Solingen etwa sandten ihm ein Taschenmesser mit einer eingravierten Widmung.

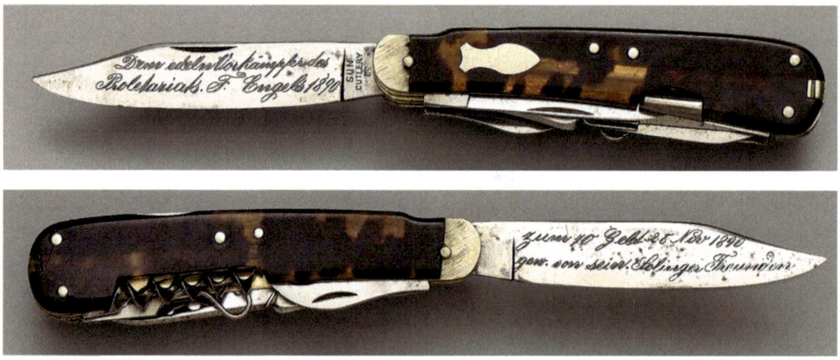

Das Geburtstagsgeschenk der Solinger Sozialdemokraten zu Engels' 70. Geburtstag (DHM)

Der Sozialdemokratische Volksverein Elberfeld-Barmen stellte ein Fotoalbum mit Aufnahmen von den Häusern am Bruch zusammen, wo Engels seine Kindheit verbracht hatte. Eduard Mohrhenn, einer der Angeklagten im »Geheimbundprozess«, berichtete Engels von der Stärke der SPD im Wuppertal und stellte in dem Begleitbrief Überlegungen an, ob sein Geburtshaus nicht – über Strohmänner – von der Partei erworben und zu Parteizwecken genutzt werden könne. Engels antwortete ihm am 9. Dezember 1890: »Sozialdemokraten im Bruch – das (ist) allerdings eine kolossale Revolution gegen 50 Jahre früher. Eine noch größere würde es allerdings sein. wenn unser altes Haus eine sozialdemokratische Druckerei würde. Das aber müßten Sie sehr geschickt anfangen. Das Haus gehört jetzt meinem Bruder Hermann, wenn der es nicht wieder verkauft hat, und der würde es schwerlich dazu verkaufen, wenn er wüßte. was damit vorgenommen werden sollte. Nun, dar-

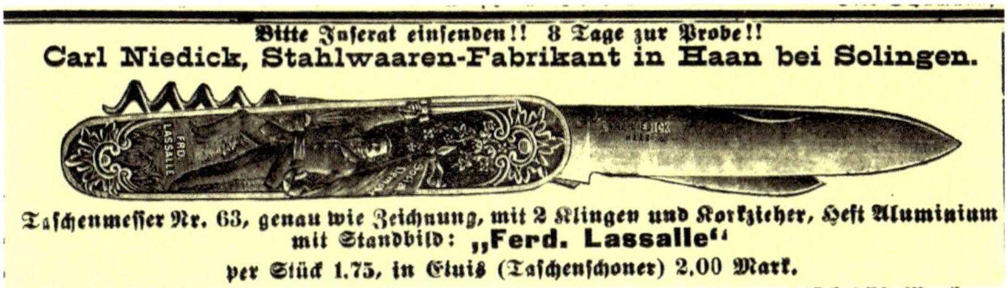

Bitte Inserat einsenden!! 8 Tage zur Probe!!

Carl Niedick, Stahlwaaren-Fabrikant in Haan bei Solingen.

Taschenmesser Nr. 63, genau wie Zeichnung, mit 2 Klingen und Korkzieher, Heft Aluminium mit Standbild: **„Ferd. Lassalle“**

per Stück 1.75, in Etuis (Taschenschoner) 2.00 Mark.

Taschenmesser mit »mit Standbild ›Ferd. Lassalle‹, per Stück 1,75 Mark« inserierte die Stahlwarenfabrik Carl Niedick in Haan bei Solingen im Januar 1897 in der »Freien Presse«.

aus wird wohl so bald nichts werden, das wäre gar zu schön. Nun leben Sie wohl. Ich komme doch noch ens na Barmen, on denn well ek Se besöken, on denn vertellen Se mek, wat dat vör Sauerreien gewesen sind onger dat Sozialistengesetz.« (MEW 37: 517f.)

Die Überlegung der Sozialdemokraten in Barmen, das Geburtshaus von Friedrich Engels zu erwerben, hing höchstwahrscheinlich mit der neuen Bedeutung zusammen, die den Wupperstädten seit November 1889 zukam. Damals fand der erste sozialdemokratische Parteitag für Rheinland und Westfalen im Wuppertal statt. Zugleich war es das erste Mal in Deutschland seit Erlass des Sozialistengesetzes, dass man es wagte, eine offen angekündigte regionale Zusammenkunft abzuhalten. Dieser noch halblegale Parteitag der SPD für die Preußische Rheinprovinz fand in der Gaststätte von Abraham Küpper statt, in der Karl Marx und Friedrich Engels im Frühjahr 1848 vor dem Politischen Club ihr Zeitungsprojekt, die geplante *Neue Rheinische Zei-*

Postkarte mit »Gruss aus dem Volkshaus Elberfeld« um 1900. Das Volkshaus war seit etwa 1888 Treffpunkt der Sozialdemokraten (Reiner Rhefus).

tung, vorgestellt hatten. Die Delegierten beschlossen, dass die Leitung der Rheinprovinz, das »Rheinische Agitationskomitee«, seinen Sitz im Wuppertal nehmen solle. Von hier aus sollten in dem riesigen Gebiet zwischen Saarland und Westfalen allmählich Parteistrukturen aufgebaut und die Arbeiterschaft für die Sozialdemokratie gewonnen werden. Das Engels-Haus wurde nicht erworben. Es war aussichtslos, es von Hermann Engels anzukaufen. Stattdessen entwickelte sich eine Gaststätte am Hombüchel in der Elberfelder Nordstadt zur Parteizentrale mit regionaler Bedeutung. Die »Wilhelmshöhe« erhielt bald den Namen »Volkshaus«. Über dem großen Versammlungssaal standen die letzten Worte des Kommunistischen Manifestes: »Proletarier aller Länder, vereinigt Euch!«

Hugo Landé und das Erfurter Programm

Hugo Landé (STAW) wohnte mit seiner Familie seit 1890 in dem Haus an der Luisenstraße. Hier waren 1893 Wilhelm Liebknecht und vermutlich auch August Bebel zu Gast (Reiner Rhefus).

Hugo Landé (1859-1936), ein junger jüdischer Rechtsanwalt, war 1884 mit seiner Familie nach Elberfeld gezogen und hatte sich der Sozialdemokratie angeschlossen. Akademiker, zumal Juristen wie Landé, waren in der Arbeiterpartei eine Ausnahme. Bei den großen und kleinen Auseinandersetzungen mit der Polizei und vor Gericht war ein Jurist in der eigenen Partei von großem Nutzen, natürlich auch bei dem Geheimbundprozess des Jahres 1889. Und als im Jahr 1891, nach der wiedergewonnenen Legalität, ein neues Pro-

Programm-Kommission:

Agster, Stuttgart.	Kautsky, Stuttgart.	Müller, Elberfeld.
Bebel, Berlin.	Keßler, Berlin.	Oertel, Nürnberg.
Goldstein, Dresden.	Landé, Elberfeld.	Schmidt, Zwickau.
Herbert, Stettin.	Liebknecht, Berlin.	Schoenlank, Berlin.
Frau Ihrer, Berlin.	Dr. Lux, Magdeburg.	Schweer, Hamburg.
Jochem, Danzig.	Löwenstein, Nürnb.	Tölcke, Dortmund.
Kandt, Rostock.	Molkenbuhr, Hamb.	v. Vollmar, München.

Den 21 Mitgliedern der Programmkommission des Erfurter Parteitags von 1892 gehörten auch Hugo Landé und Emil Müller aus Elberfeld an (Protokollauszug).

gramm erarbeitet werden sollte, legte er sogar einen eigenen Entwurf zu dem juristischen Teil des Programms vor, der die Forderungen zum Umbau des Rechtswesens behandelte.

Friedrich Engels, die graue Eminenz in London, griff stark in die Debatte um das neue Programm ein. Er kommentierte in einem langen Brief den ersten noch handschriftlichen Entwurf des Parteivorstandes, machte Kürzungs- und Präzisierungsvorschläge. Nach seiner Auffassung sollte es so kurz und präzise wie möglich sein, denn »der kurze prägnante Satz verfestigt sich dann, einmal verstanden, im Gedächtnis, wird Schlagwort« (MEW 22: 227). Er mahnte zugleich, dass die grundsätzlichen sozialistischen Positionen neben den tagespolitischen Forderungen deutlich formuliert werden müssten. Und die Arbeiterpartei müsse trotz aller Widerstände und drohendem Verbot die demokratische Republik fordern, denn: »Wenn etwas feststeht, so ist es dies, daß unsere Partei und die Arbeiterklasse nur zur Herrschaft kommen kann unter der Form der demokratischen Republik. (...) Aber das Faktum, daß man nicht einmal ein offen republikanisches Wahlprogramm in Deutschland aufstellen darf, beweist, wie kolossal die Illusion ist, als könne man dort auf gemütlich-friedlichem Weg die Republik errichten, und nicht nur die Republik, sondern die kommunistische Gesellschaft.« (Ebd.: 235)

Schließlich wirkte er bei der Erstellung eines weiteren Entwurfes – dem von Karl Kautsky und Eduard Bernstein – maßgeblich mit. Beide waren Redakteure der parteinahen Theoriezeitschrift *Die Neue Zeit* und Vertraute von Engels. Zur Prüfung und Diskussion der eingereichten (vier) Vorschläge wurde schließlich eine Kommission gebildet. Zwei der 21 Mitglieder stammten aus dem Wuppertal: der Jurist Landé und der Textilarbeiter und Gewerkschafter Emil Müller. Der Entwurf von Bernstein und Kautsky fand in der Kommission die breiteste Unterstützung und wurde – u.a. mit Ergänzungen aus Landés Entwurf – auf dem Erfurter Parteitag im Oktober 1891 einstimmig angenommen. Das Programm enthielt zwar nicht die Forderung nach der Demokratischen Republik, stehe aber, so Engels, »nach seiner theoretischen Seite im ganzen auf dem Boden der heutigen Wissenschaft« (ebd.: 227) und vermeide die alten vulgärsozialistischen Positionen, die noch das Gothaer Programm von 1875 prägten. »Wir haben die Satisfaktion, daß die marxistische Kritik komplett durchgeschlagen ist« (MEW 38: 183), schrieb er am 24. Oktober 1891 zufrieden an seinen Freund Adolf Sorge in den USA.

Die Programmdiskussion zeigte, dass sich in den 1890er Jahren in den bedeutendsten Ländern Kontinental-Europas, nach Frankreich und Spanien nun auch in Deutschland, marxistische Positionen in den sozialistischen Arbeiterparteien durchsetzten. Das Erfurter Programm wurde zum wohl wirkungsmächtigsten und bedeutendsten Programm in der Geschichte der deutschen Sozialdemokratie. Nicht nur die von Engels eingeforderte Kürze und Prägnanz hat dazu beigetragen. Über 25 Jahre – bis zum Ausbruch des Ersten Weltkrieges – blieb es der Leitfaden der deutschen Arbeiterpartei.

Debatten um »Das Kapital – Band III«

Engels betrachtete jedoch weniger die Mitwirkung in der Sozialdemokratie als seine Hauptaufgabe, sondern vor allem die Fertigstellung des Hauptwerkes von Karl Marx, »Das Kapital«. Im Jahr 1885 hatte er aus den fragmentarischen Unterlagen im Nachlass von Karl Marx den zweiten Band veröffentlicht. Seitdem arbeitete er am dritten Band. Engels hatte sich bei seiner Arbeit eng an die Marxschen Manuskripte gehalten. Doch diese Vorlagen waren unvollständig, stammten aus verschiedenen Zeiten und es gab verschiedene Entwürfe. So mussten viele Fragen der weiteren wissenschaftlichen Klärung vorbehalten bleiben. In sozialdemokratischen Intellektuellenkreisen wurden diese Fragen debattiert.

Zu den Diskutanten gehörten Conrad Schmidt (1863-1932) und Hugo Landé. Schmidt, Ökonom und Philosoph, veröffentlichte in dem theoretischen Organ der SPD *Die neue Zeit*« einen Aufsatz zur »Durchschnittsprofitrate auf der Grundlage der Marx'schen Werthgesetze«. Hugo Landé nahm zu Schmidts Auffassung Stellung, kritisierte dessen enge Definition des Wertgesetzes und löste damit eine Kontroverse aus, die sich über zwei Jahre erstreckte. Als Friedrich Engels in den Jahren 1892/93 am Text zum dritten

Sozialdemokratischer Verein
Barmen.
Mittwoch den 13. dss. Mts., Abends 9 Uhr
im Vereinslokal bei Herrn Homberg, Sedanstraße:
Versammlung.
Tages-Ordnung:
1. Vortrag des Genossen Landé-Elberfeld über den III. Band von Marx „Kapital".
2. Verschiedenes und Fragen.
Um zahlreiches Erscheinen ersucht
Der Vorstand.

Anzeige aus der »Freien Presse« vom März 1895, in der die Versammlung des Sozialdemokratischen Volksvereins Barmen mit dem »Vortrag des Genossen Landé-Elberfeld über den III. Band von Marx ›Kapital‹« angekündigt wird.

Band des »Kapital« arbeitete, erhofften sich die Kontrahenten Schmidt und Landé von der Veröffentlichung dieses Buches Antworten auf die von ihnen aufgeworfenen ökonomischen Fragestellungen. Auch Friedrich Engels verfolgte die Debatte, verfasste selbst einen Aufsatz – »Ergänzung und Nachtrag zum III. Buche des ›Kapital‹« – und notierte darin: »Solche Kontroversen sind nun selbstverständlich bei einem Werk, das so viel Neues und dies nur in rasch hingeworfener und teilweise lückenhafter erster Bearbeitung bringt.« (MEW 25: 898)

Conrad Schmidt und Hugo Landé gehörten damals zu den wenigen Sozialdemokraten, die sich auf hohem Niveau mit dem Wertgesetz auseinandersetzten. Landé war einer der Vortragsredner in der sozialdemokratischen Bildungsarbeit im Wuppertal und im Bezirk Niederrhein. Als das Buch »Das Kapital, Dritter Band, Der Gesamtprozess der kapitalistischen Produktion« im Jahr 1894 erschien, referierte Landé den schwierigen Stoff auf Parteiversammlungen, vor Hörern, die sicherlich keine ökonomischen Vorkenntnisse mitbrachten. Die Unterkapitel des Buches befassten sich unter anderem mit dem »tendenziellen Fall der Profitrate«, der »Spaltung des Profits in Zins und Unternehmergewinn« und der Frage nach dem »zinstragenden Kapital«.

In Kontakt mit Engels' Vertrauten

Auch mit einigen der engsten Vertrauten Engels' hatte Hugo Landé gelegentlich Kontakt. So waren Wilhelm Liebknecht und August Bebel, wenn sie sich auf Vortragsreisen im Wuppertal aufhielten, Gäste im Hause Landé in der Luisenstraße (Nr. 85, erhalten). Eduard Bernstein, der persönliche Sekretär von Friedrich Engels und sein Nachlassverwalter, dem in Deutschland die Verhaftung drohte und der deshalb unfreiwillig in London lebte, wandte sich an Landé, als er juristische Unterstützung bei der Beschaffung einer Aufenthaltsgenehmigung in Deutschland benötigte. Vermutlich war es auch Hugo Landé, der Wilhelm Liebknecht behilflich war, ein Geschenk für Friedrich Engels zu beschaffen. Im Sommer 1893 schenkte Liebknecht Engels eine Fotografie von dessen Elternhaus, die er zuvor offenbar über seine Kontakte ins Wuppertal besorgen ließ (siehe hierzu Gemkow 1958: 112). In einem Brief an Natalie Liebknecht, die Ehefrau, bedankte sich Engels am 27. Juli 1893 herzlich für das Bild von dem Hause im Bruch: »Die Photographie ist sehr gut und zeigt jedes der Details, an welche sich so viele Erinnerungen knüpfen. Es war sehr nett von Liebknecht, die Aufnahme machen zu lassen, bitte sagen Sie ihm meinen besten Dank dafür.« (MEW 39: 110)

Engels' persönlicher Sekretär Eduard Bernstein sollte Landé eine Aufenthaltsgenehmigung verschaffen.

Hugo Landé gehörte bis in die 1930er Jahre zu den bedeutenden Sozialdemokraten des Wuppertals und des Rheinlandes. 1909 war er einer der vier ersten SPD-Stadtverordneten im Elberfelder Stadtrat, in Folge der Revolution von 1918 für einige Monate kommissarischer Regierungspräsident in Düsseldorf und über viele Jahre Fraktionsvorsitzender der Ratsfraktion. Unter dem Nationalsozialismus litt er nicht nur als Sozialdemokrat, sondern auch als Jude unter den Verfolgungen und Verleumdungen. Landé verließ das Land und kehrte im September 1936 von einer Bootstour auf dem Genfer See nicht wieder zurück, vermutlich hat er Selbstmord begangen.

Hermann Grimpe und Emil Müller auf dem internationalen Sozialisten-Kongress

Im August 1893 fand der 3. internationale Sozialisten-Kongress statt, zu dem auch Engels angekündigt war. Aus dem Bezirk Niederrhein waren Hermann Grimpe, Verleger der *Freien Presse*, und der Weber und Textilgewerkschafter Emil Müller – beides Mitglieder des Rheinischen Agitationskomitees in Elberfeld, nach Zürich gereist. Friedrich Engels hielt das Schlusswort auf dem Kongress, das er wie so oft dazu nutzte, die Verdienste von Marx in den Vordergrund zu stellen: »Der unerwartet glänzende Empfang, den Sie mir bereitet haben und den ich nur mit tiefer Rührung entgegennehmen konnte, ich nehme ihn an nicht für meine Person, sondern als Mitarbeiter des großen Mannes, dessen Bild dort oben hängt (Marx). Gerade fünfzig Jahre ist

Im Restaurant Löwen in Bendlikon anlässlich eines Ausfluges im Rahmen des Internationalen Sozialistischen Arbeiterkongresses in der Schweiz 1893; v.l.n.r.: Simon Ferdinand [Schwiegersohn August Bebels], Frieda Simon, Clara Zetkin, Friedrich Engels, Julie Bebel, August Bebel, Ernst Schattner, Regine Bernstein, Eduard Bernstein (Schweizerisches Sozialarchiv Zürich)

Arbeiter-Maifeier

1892 ELBERFELD 1892

Sonntag, den 1. Mai 1892, von Nachmittags 4½ Uhr ab,
in den festlich decorirten Sälen
„Johannisberg“, „Wilhelmshöhe“ und „Helenenhöhe“,
bestehend in

Vokal-, und Instrumental-Concert, Festreden und Deklamationen.

PROGRAMM:

Johannisberg:	Wilhelmshöhe:	Helenenhöhe:
Festrede des Genossen Fr. Harm.	**Festrede des Genossen W. Gewehr.**	**Festrede des Genossen E. Müller.**
Vocal-Concert gegeben vom Gesangverein „Liederlust“.	Vocal-Concert gegeben vom Gesangverein „Hoffnung“.	Vocal-Concert gegeben von Mitgliedern des Gesangvereins „Fröhlich“.
Die Musik wird von der **Schneider**'schen **Kapelle** ausgeführt.	Die Musik wird von der **Kitz**'schen **Kapelle** ausgeführt.	Die Musik wird von der **Stein**'schen **Kapelle** ausgeführt.

Die Pausen werden durch Massengesänge, Deklamationen etc. ausgefüllt.

Festkarten à Person 20 Pfg. sind zu haben bei den bekannten Genossen, sowie in den durch Plakataushang bezeichneten Restaurationen und Cigarrenhandlungen. **Kassapreis 30 Pfg.** in sämmtlichen Lokalen.

NB. Jeder Inhaber einer Festkarte hat gegen Vorzeigung derselben in **sämmtlichen Lokalen** freien Zutritt, und ist jeder Festtheilnehmer verpflichtet, den an einem Abzeichen kenntlichen Festordnern Folge zu leisten.

Die zu singenden Lieder werden gratis vertheilt.

Der Vorstand des Sozialdem. Volksvereins. — Die Maifeier-Commission.

Die Arbeiter-Maifeier fand im Jahr 1892 an drei Standorten statt: Emil Müller hielt im Lokal Helenenhöhe, einem Ausflugslokal bei Sonnborn, die Festrede (Anzeige in »Freie Presse« vom 24.4.1892).

es her, als Marx und ich in die Bewegung eintraten, indem wir die ersten sozialistischen Artikel in den ›Deutsch-Französischen Jahrbüchern‹ veröffentlichten. Von kleinen Sekten damals hat sich der Sozialismus seither zu einer gewaltigen Partei entwickelt, welche die ganze offizielle Welt erzittern läßt. Marx ist gestorben, aber wenn er jetzt noch lebte, so wäre nicht ein Mann in Europa und Amerika, der mit solchem gerechten Stolz zurückblicken könnte auf seine Lebensarbeit.« (MEW 22: 408) Die Versammlung brach in stürmische Hochrufe aus und der Jubel zeigte, welches hohe Ansehen Engels zu dieser Zeit unter den Sozialisten in Europa genoss.

Eine Tafel am Haus Wirkerstraße 17 erinnert an Emil Müller. Sie gehört zur Route durch den alten Arbeiterstadtteil »Ölberg«; siehe auch die Karte auf der hinteren Umschlaginnenseite (Reiner Rhefus).

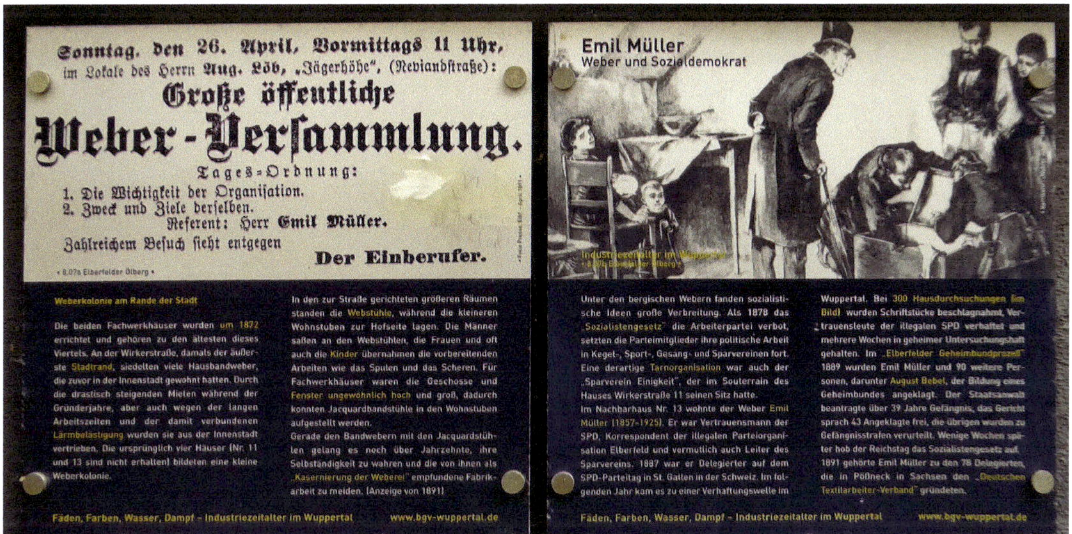

Im Haus Wirkerstraße 17 (links) wohnte um 1890 Emil Müller. Hier befand sich während der Zeit des Sozialistengesetzes auch eine sozialdemokratische Tarnorganisation, der »Sparverein Einigkeit« (Reiner Rhefus).

Geschäfts-Eröffnung.
Mit dem heutigen Tage eröffnete ich
Anilinstraße 4
ein
Colonialwaaren-, Tabak- u. Cigarrengeschäft
verbunden mit Flaschenbier-Handlung
und halte mich bei Bedarf allen Freunden und Nachbarn unter Zusicherung prompter und reeller Bedienung bestens empfohlen.
Hochachtungsvoll
Emil Müller.

Emil Müller stand vermutlich auf der »schwarzen Liste«, er eröffnete deshalb an der Anilinstraße, wo Bayer-Arbeiter wohnten, ein kleines Kolonialwarengeschäft; Anzeige in der »Freien Presse« vom 2.4.1892.

Es ist anzunehmen, dass er auch mit den beiden Delegierten aus dem Wuppertal auf dem Kongress ins Gespräch kam. Möglicherweise hat sich Engels nach Neuigkeiten aus dem Tal oder über den Geheimbundprozess in Elberfeld erkundigt, Grimpe und Müller gehörten zu den Angeklagten. Hermann Grimpe war noch weitere 13 Jahre einer der aktivsten Sozialdemokraten im Wuppertal. Als er 1907 starb, wurde er sogar auf dem Parteitag der SPD in Essen als einer der verdienten Genossen gewürdigt. Emil Müller (1857-1925) war 1881 aus Sachsen nach Elberfeld gekommen. Während des Sozialistengesetzes wurde er verhaftet und angeklagt. 1891 war er Mitbegründer des Textilarbeiterverbandes in Pößnek (Thüringen) und gehörte dem Rheinischen Agitationskomitees des Textilarbeiterverbandes an.

Rechte Seite: oben: Neuer Weg zu Beginn der 1890er Jahre, links das Hotel Vogeler, rechts hinten die Villa von Hermann Engels, vorn die Villa des Spediteurs Hugo Bäcker (StAW); unten: Der Katasterauszug vom Engelsgarten zeigt die neue Bebauung (Katasteramt Wuppertal).

»Ich kenne mich absolut nicht mehr aus – nur unser altes Haus ist unverändert«

Im April 1894 nahm der Vorsitzende des sozialdemokratischen Volksvereins Barmen, Carl Eberle, nochmals Kontakt zu Friedrich Engels auf und sandte ihm ein Fotoalbum. Die Fotografien zeigten diesmal vor allem die baulichen Veränderungen, die in Barmen und in unmittelbarer Nähe des Bruchs vorgegangen waren. Es war nach dem Geschenk zum 70. Geburtstag das zweite Wuppertal-Album, das Engels bekam. In den 1880er und 1890er Jahren hatte man am Neuen Weg das vornehme Hotel Vogeler und ein repräsentatives Stadttheater errichtet. Neben der Villa des Bruders war eine weitere große

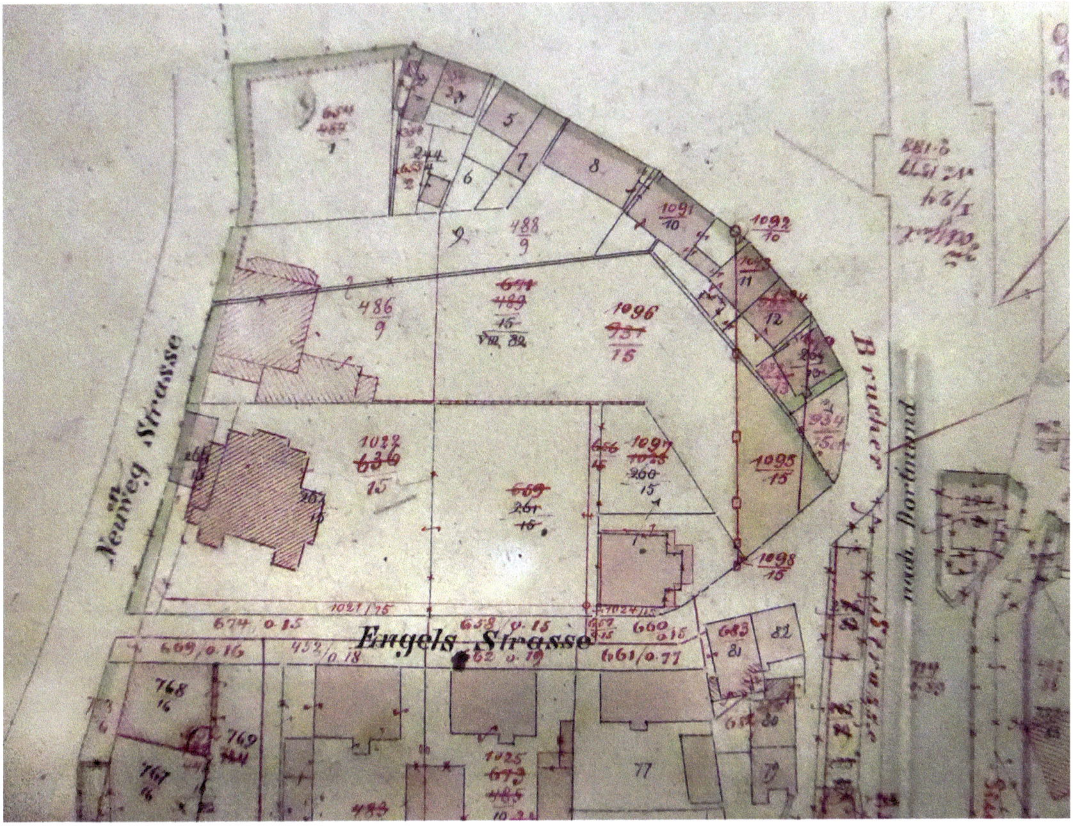
Neuweg Strasse
Engels Strasse
Brucher Strasse
nach Dortmund

Villa als Sitz mehrerer Textilverbände entstanden – des Verbandes der Eisengarnfabrikanten und der Fabrikanten von maschinengeklöppelter Spitze. Der Straßenabschnitt zwischen der Adlerbrücke und dem Alten Markt war durch diese Bebauung zu einer beliebten Flaniermeile geworden.

Carl Eberle um 1946

Engels bedankte sich am 24. April 1894 bei Carl Eberle und beim sozialdemokratischen Verein Barmen: »Werter Parteigenosse! (...) Es hat mir in der Tat einen unerwarteten Genuß bereitet, die gewaltigen Veränderungen anschauen zu können, die sich in den zwanzig Jahren meiner Abwesenheit von Barmen vollzogen haben. Ich kenne mich absolut nicht mehr aus. Außer am Bahnhof und auf der einen, älteren Seite des Werther Bollwerks finde ich mich nirgends mehr zurecht auf den Bildern. Selbst die auf dem Neuenweg aufgenommene Ansicht, die doch nur wenige Minuten Wegs vom Bruch entfernt sein kann, gibt ein mir total fremdes Bild. Nur unser altes Haus ist unverändert. So erfreulich auch diese Beweise der Umwälzung sind, die Barmen aus dem kleinen Philisternest meiner Jugendzeit in eine große Industriestadt verwandelt hat, so freut es mich doch am meisten, daß auch die Menschen sich dort bedeutend zu ihren Gunsten verändert haben. Denn wenn das nicht der Fall wäre, so wäre Barmen noch heute durch einen Stockkonservativen, einen recht kopfhängerischen ›Fainen‹ im Reichstag vertreten, von einem sozialdemokratischen Verein Barmen wäre keine Rede, und es fiele am allerwenigsten Barmer Arbeitern ein, mir ein Album zu verehren. Glücklicherweise aber entspricht der Revolution im Äußern der Stadt auch die Revolution in den Köpfen der Arbeiter, und diese verbürgt uns eine noch weit gewaltigere und umfassendere Revolution in der ganzen Weltordnung.« (MEW 39: 239)

Carl Eberle und die Konsumgenossenschaft »Vorwärts«

Der Lebensweg von Carl Eberle (1869-1950) ist ein Musterbeispiel für den Aufstieg der sozialistischen Arbeiterbewegung. Unter dem »Sozialistengesetz« musste er mehrfach Haftstrafen absitzen. Seit 1890 Vorsitzender der Gewerkschaftskommission Elberfeld-Barmen, bekam er keine reguläre Ar-

Auch Carl Eberle stand vermutlich auf der »schwarzen Liste«. Er betrieb in seinem Geschäft für Spazierstöcke zugleich ein gewerkschaftliches »Auskunftsbureau«, Anzeigen in »Freie Presse« 6/1897 und 4/1899.

Das Lager- und Kontorhaus der Konsumgenossenschaft »Vorwärts« an der Münzstraße 51/53 (Reiner Rhefus)

beitsstelle. So betrieb er einen Drechslerladen, der zugleich als Auskunfts- und Beratungsbüro der Gewerkschaften diente. 1899 wurde unter Eberles Mitwirkung die Konsumgenossenschaft »Vorwärts« gegründet, deren Geschäftsführer er auch einige Jahre war. Die Konsumgenossenschaften entwickelten sich gerade in Barmen sehr erfolgreich und hatten zweitweise mehr Mitglieder als die Gewerkschaften. Man sprach bald von den »drei Säulen der Arbeiterbewegung« und meinte damit Partei, Gewerkschaft und Konsumgenossenschaft.

Die Gründung solcher Genossenschaften war zu ihrer Zeit ebenfalls ein Beitrag zur »Revolution in den Köpfen der Arbeiter«. Die Genossenschaft

Die Wohnhäuser der Konsumgenossenschaft »Vorwärts«. Im Haus Elsternstraße Nr. 16 (am Haus ist eine Tafel angebracht) war eine Verkaufsstelle der Konsumgenossenschaft, im ersten Stock wohnte über 40 Jahre Carl Eberle (Gerd Neumann).

sollte »Triebkraft zur Umwandlung der gegenwärtigen Gesellschaft« sein, wie es Marx in den »Instruktionen für die Delegierten des Provisorischen Zentralrats zu den einzelnen Fragen« von 1866 formulierte, und praktisch zeigen, dass das bestehende System durch das »republikanische und segensreiche System der Assoziation von freien und gleichen Produzenten« (MEW 16: 195) ersetzt werden kann. Nicht zuletzt sollten hier Arbeiter praktische kaufmännisch-organisatorische Kenntnisse und Erfahrungen sammeln, die sie für die künftige Leitung von Wirtschaftsbetrieben benötigten.

Ab 1904 entstanden am Bahnhof Mittelbarmen – heute Münzstraße – ein Kontor- und Lagerhaus, eine Großbäckerei, Kaffeerösterei und Getränkeabfüllung. Bemerkenswert ist auch die unterirdische Bahntrasse zur Anlieferung der Güter. Auf der Fassade des Kontor- und Lagerhauses war im Giebel eine stilisierte Sonne zu sehen, darüber der Schriftzug »Vorwärts«. Die Sonne war in diesen Jahren zum Symbol des Aufstiegs zu einer lichten Zukunft geworden. Die Anlagen am ehemaligen Bahnhof Heubruch sind das bedeutendste Zeugnis der Barmer Arbeiterschaft und dokumentieren gemeinsam mit der »neuen« Genossenschaftszentrale von 1931 den Aufstieg der Arbeiterbewegung, den Friedrich Engels in seinem Brief an Carl Eberle voraussah.

Carl Eberle wurde Stadtverordneter und 1919 der erste sozialdemokratische Beigeordneter der Stadt Barmen. 1921 wurde er für die MSPD in den rheinischen Landtag entsandt und saß mit dem späteren Bundeskanzler Konrad Adenauer im preußischen Staatsrat. Bei der Machtübergabe an die Nationalsozialisten im März 1933 wurde er aus allen Ämtern entlassen und kurzzeitig verhaftet. 1946 war er wieder am Neuaufbau der Konsumgenossenschaft »Konsum Wuppertal« beteiligt.

Im Gebäude der Ehemaligen Konsumgenossenschaft Vorwärts, Münzstraße 51-53, ist die Dauerausstellung »Konsumgenossenschaften im Rheinland« zu besichtigen (Reiner Rhefus).

Verehrung und frühe Rezeption

Nachruf und Würdigung in der »Freien Presse«

Am 5. August 1895 starb Friedrich Engels. Seine Bekannten und die wichtigsten Parteiführer aus Berlin, August Bebel, Wilhelm Liebknecht und Paul Singer, machten sich auf den Weg nach London. In den sozialdemokratischen Arbeiterzeitungen in Europa erschienen zu seinem Tod zahlreiche Nachrufe, jener der *Freien Presse* in Elberfeld nahm am 9. August 1895 die ganze Titelseite ein: »Friedrich Engels ist am Montag Abend in London gestorben. Engels' Leben und Wirken darlegen, heißt die Geschichte der internationalen Sozialdemokratie schreiben. Mit ihr ist er unlöslich verbunden: von ihren utopistischen Anfängen, deren höchste Form der Owenismus, weiter der ersten großartigen praktischen Bethätigung des Klassenbewußtseins der Arbeiter, dem Chartismus, bis hinauf zum letzten internationalen Arbeiter-Kongreß der Gegenwart. Engels' Wirken, das weiß ein Jeder von uns, ist die Geschichte der Sozialdemokratie, die durch Niemanden in so weitem Umfange und in so tiefgehendem Maße beeinflußt worden ist, als die nun beide dahin gegangenen Vorkämpfer des Sozialismus, Marx und Engels. Und die Geschichte der Sozialdemokratie – sie ist die Geschichte des letzten Jahrhunderts.« Wer der Geschichte »das Auf und Nieder des Klassenkampfes zu Grunde« legt, »der wird dem Wirken und Wollen von Marx und Engels einen breiten Platz einräumen müssen.«

Linke Seite: Stammbaum des modernen Sozialismus um 1900 (Friedrich-Ebert-Stiftung)

Freie Presse

Organ für das werkthätige Volk von Rheinland und Westfalen.

Nebst Gratis-Beilage „Die Neue Welt".

Nr. 185. Elberfeld-Barmen, Freitag, den 9. August 1895. 11. Jahrg.

Friedrich Engels

Der Nachruf auf Engels in der »Freien Presse« vom 9. August 1895 ging über die komplette Titelseite.

Soeben erschien in feiner Ausstattung:

Porträt von Friedrich Engels.

Prachtvoller Zimmerschmuck.

Größe 51×40 Centimeter.

Preis 50 Pfg.

Zu haben in der Exped. d. Bl.

Todes-Anzeige.

Gestern Abend 10 1/2 Uhr starb nach längerem Leiden unser guter, lieber Bruder, Schwager, Onkel und Grossonkel

Friedrich Engels

in London im 75. Lebensjahre. 23689

Barmen, Leutesdorf, Bonn und Düsseldorf, den 6. August 1895.

Die trauernden Hinterbliebenen.

Der Holzschnitt von Engels des Künstlers Heinrich Scheu wurde in der »Freien Presse« vom August 1895 als »Prachtvoller Zimmerschmuck« angeboten; darunter die Todesanzeige der Familie in der »Barmer Zeitung« vom August 1895.

Die Parteiorganisation Elberfeld-Barmen hatte an Eduard Bernstein telegrafiert und ihn gebeten, »im Namen der Elberfeld-Barmer Genossen einen Kranz oder eine Palme mit entsprechender Widmung bei der Bestattung von Friedrich Engels niederzulegen«, wie die *Freie Presse* am 10.8.1895 berichtet. Über mehrere Ausgaben druckte die *Freie Presse* die von Karl Kautsky verfasste Lebensskizze zu Friedrich Engels, sie schilderte die Trauerfeier in London und die Seebestattung vor der Küste. Anzeigen warben für einen »prachtvollen Zimmerschmuck«, ein Porträt von Friedrich Engels. In der Wochenzeitschrift *Der wahre Jacob* erschien sein Porträt als ein herausnehmbarer Holzschnitt, den der Künstler Heinrich Scheu gefertigt hatte. Die Nachrufe in der bürgerlichen Presse wurden ebenfalls nachgedruckt und gelegentlich kommentiert. Die Familie Engels selbst hatte einen Nachruf in die *Barmer Zeitung* gesetzt. Doch dass sich Engels auch in religiös gebundenen Arbeiterkreisen Respekt und Sympathie erworben hatte, zeigt die Notiz der in Barmen erscheinenden katholischen Zeitung *Rheinische Wacht*, die ihre Leser über »den Tod des bekannten Sozialistenführers« informierte und knapp kommentierte: »Er war ein ehrlicher bergischer Mann. Gott segne ihn!« (Zitiert in der Freien Presse vom 11.8.1895)

Die Arbeiterbibliothek im »Volkshaus« und Engels' Kleinschriften

Im Nachruf der *Freien Presse* war von der verständnisvollen Aneignung und Verbreitung des Werks von Friedrich Engels die Rede. Am ehesten lässt sich dessen Rezeption und sein Einfluss in der Bildungs- und Kulturarbeit sowie in der Festkultur der damaligen Arbeiterbewegung aufzeigen. Engels hatte im Laufe seines Lebens zahlreiche Kleinschriften verfasst, die meist adhoc aus den unmittelbaren Bedürfnissen der sozialistischen Arbeiterbewegung heraus entstanden sind. Oft war er um politische Beträge und Stellungnahmen für sozialistische Zeitungen in verschiedenen Ländern gebeten worden. Diese Artikel und Artikelserien wurden als preiswerte Broschüren für Agitationszwecke nachgedruckt und in andere Sprachen übersetzt. So erreichten sie eine weite Verbreitung, an die Engels, als er die Texte verfasste, zunächst nicht gedacht hatte.

Die lokalen Partei- und Gewerkschaftsorganisationen verfügten in der Regel über eine eigene »Arbeiterbibliothek«: meist ein verschließbarer Bücherschrank im Vereinslokal. Ehrenamtliche Bibliothekare verwalteten die Bib-

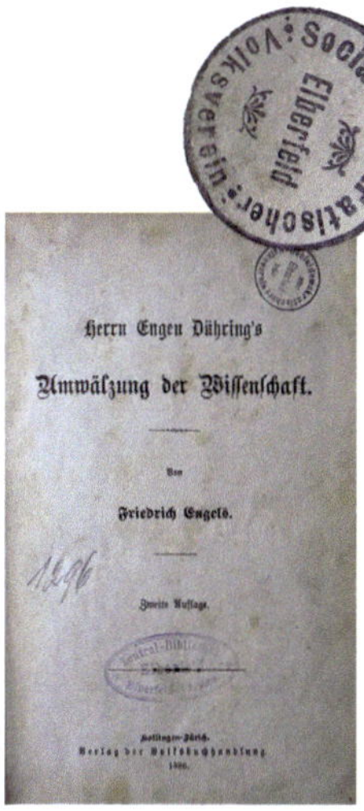

»Anti-Dühring«-Ausgabe von 1886 mit einem Stempel des Sozialdemokratischen Volksvereins Elberfeld

Die Entwickelung der **wirthschaftlichen** und **politischen** Zustände, durch welche die Klassengegensätze innerhalb der heutigen Gesellschaft immer mehr auf die Spitze getrieben werden, machen es **jedem Arbeiter zur Pflicht,** der an seinem Wohnorte bestehenden, das Ziel der Sozialdemokatie erstrebenden **Partei-Organisation** beizutreten.

Diese Partei-Organisation, das **Rückgrat der Partei,** ist für **Elberfeld** der

Sozialdemokratische Volksverein.

Die regelmäßigen

Mitglieder-Versammlungen

finden alle 14 Tage, Montags Abends punkt 9 Uhr auf der

„Wilhelmshöhe"

statt. In jeder Versammlung werden Mitglieder aufgenommen.

Das **Eintrittsgeld** beträgt **30** Pfg., der **monatliche Beitrag** nur **25** Pfg.

Neben den **politischen Tages-** und **Parteifragen** beschäftigt sich der Verein auch besonders mit der **allgemeinen wirthschaftlichen Entwicklung.**

In jeder Versammlung findet ein Vortrag mit Diskussion statt.

Zur **unentgeltlichen Benutzung** steht den Mitgliedern eine umfangreiche (400 Bände), die besten **wissenschaftlichen, sozialpolitischen** und **Partei-Schriften** enthaltende

Bibliothek

zur Verfügung.

Anzeige des Sozialdemokratischen Volksvereins Elberfeld in der »Freien Presse« vom Januar 1896 mit dem Hinweis auf die »die besten wissenschaftlichen, sozialpolitischen und Partei-Schriften enthaltende Bibliothek«

Internationale Bibliothek.

Marx' Oekonomische Lehren. Gemeinverständlich dargestellt und erläutert von **Karl Kautsky.** Vierte Auflage. XVI und 248 Seiten. Preis gebd. Mk. 2.—

Thomas More und seine Utopie. Mit einer historischen Einleitung von **Karl Kautsky.** VI und 344 Seiten. Preis gebd. Mk. 2.50.

Die ländliche Arbeiterfrage. Nach dem Russischen des **Kablukow.** Zweite Auflage. 256 Seiten. Preis gebd. Mk. 2.—

Die Philosophie Spinozas. Erstmals gründlich aufgehellt u. populär dargestellt v. **J. Stern.** VIII u. 184 S. Preis gebd. Mk. 1.50.

Charles Fourier, sein Leben und seine Theorien. Von **A. Bebel.** 312 Seiten. Preis gebd. Mk. 2.50.

Der Ursprung der Familie, des Privateigenthums und des Staats. Von **Friedrich Engels.** Sechste Auflage. XXIV und 188 Seiten. Preis geb. Mk. 1.50.

Das Elend der Philosophie. Von **Karl Marx.** Mit Vorwort und Noten von **Friedrich Engels.** Zweite Auflage. XXXVI und 188 Seiten. Preis gebd. Mk. 2.—

Die Lage der arbeitenden Klasse in England. Nach eigener Anschauung und authentischen Quellen von **Friedrich Engels.** Zweite Auflage. XXXII und 300 Seiten. Preis gebd. Mk. 2.50.

Das Erfurter Programm. In seinem grundsätzlichen Theil erläutert von **Karl Kautsky.** VIII und 262 S. Preis gebd. Mk. 2.—

Der russische Bauer. Von **Stepniak.** Autorisirte Uebersetzung von **Dr. Victor Adler.** XVI und 212 Seiten. Preis geb. Mk. 2.—

Die Lessing-Legende. Eine Rettung von **Fr. Mehring.** Nebst einem Anhange über den historischen Materialismus. VIII und 500 Seiten. Preis gebd. Mk. 3.50.

Etienne Cabet und der Ikarische Kommunismus. Mit einer historischen Einleitung von **Dr. H. Lux.** XII und 294 Seiten. Preis gebd. Mk. 2.—

Natürliche und soziale Religion. Von **Franz Lütgenau.** VIII und 260 Seiten. Preis gebd. Mk. 2.—

N. G. Tschernischewsky. Eine literarhistorische Studie von **G. Plechanow.** 392 Seiten. Preis gebd. Mk. 3.—

Herrn Eugen Dührings Umwälzung der Wissenschaft. Von **Fr. Engels.** Dritte, durchgesehene Auflage. XX und 354 Seiten. (1894.) Preis gebd. Mk. 3.—

Das Acquisit der Philosophie und Briefe über Logik. Speziell demokratisch-proletarische Logik. Von **J. Dietzgen.** VI und 232 Seiten. Preis gebd. Mk. 2.—

Die Frau und der Sozialismus. Von **Aug. Bebel.** Jubiläums-Ausgabe. (25. Aufl.) XXIV u. 472 S. Preis gebd. Mk. 2.50.

Die Gesundheitspflege des Weibes. Von **Dr. F. B. Simon.** Mit 34 Abbildungen und einer farbigen Tafel. Zweite unveränderte Auflage. VIII und 304 Seiten. Preis gebd. Mk. 2.50.

Helene. Sozialistischer Roman in drei Büchern von **Minna Kautsky.** Preis eleg. brosch. Mk. 4.—, fein gebd. Mk. 5.—

Liebknechts Volks-Fremdwörterbuch. Siebente vermehrte Auflage. Neu bearbeitet, berichtigt und vermehrt. VIII und 616 Seiten. Preis gebd. Mk. 3.20.

Die Anzeige in »Der Wahre Jacob« von 1895 bewirbt 16 Bände der »Internationalen Bibliothek«, darunter drei Schriften von Friedrich Engels (Sammlung Udo Achten).

liothek und führten Buch über die Ausleihe. Die Bibliothek des Elberfelder Volksvereins umfasste im Jahr 1896 423 Werke. Es wurden in diesem Jahr 524 Bücher entliehen, darunter 141 politische und sozialpolitische Werke. Hier befanden sich die meisten Schriften von Engels. Das am häufigsten ausgeliehene Buch in dieser Abteilung waren Bebels »Die Frau und der Sozialismus« (33-mal) und Engels' »Ursprung der Familie, des Privateigentums und des Staats« (neunmal), wie die Bibliothekare in der *Freien Presse* vom 12. Februar 1896 berichteten.

Deutschlandweit war Engels' Buch »Herrn Eugen Dührings Umwälzung der Wissenschaften«, der so genannte Anti-Dühring – eine Zusammenfassung der »marxistischen Philosophie« und Weltanschauung – nach Bebels »Die Frau und der Sozialismus« das am häufigsten gelesene Buch in den Kreisen der Sozialdemokratie. In Europa hat es vermutlich am stärksten zur Ausbreitung des marxistischen Gedankengutes beigetragen.

Ein zerlesenes Exemplar von »Der Ursprung der Familie, des Privateigenthums, und des Staats«, Ausgabe von 1884, aus der Bibliothek des sozialdemokratischen Volksvereins in Elberfeld. Es gehörte zu den meist ausgeliehenen Schriften (Historisches Zentrum Wuppertal).

»Wissen ist Macht – Macht ist Wissen« – die Bildungsarbeit der Volksvereine

In dem legendär gewordenen Festvortrag »Wissen ist Macht« (1872) hatte Wilhelm Liebknecht, der populäre Führer der deutschen Sozialdemokraten, den Stellenwert der Bildung für den politischen Kampf auf die knappe Formel gebracht: »Wissen ist Macht – Macht ist Wissen«. Die Arbeiterklasse als künftige bestimmende Macht konnte nur über die Aneignung von Wissen ihre Stellung sichern. Darum hatte die Bildungsarbeit einen hohen Stellenwert in der alltäglichen Parteiarbeit.

Neben der Leihbibliothek gab es im Volkshaus Laientheatergruppen und seit 1891 die »Freie Volksbühne«, die etwa das zeitweise verbotene Stück

»Die Weber« von Gerhart Hauptmann aufführen ließ. Etwa die Hälfte der Vereinsversammlungen diente der geistigen und politischen Bildung der Mitglieder. Das Themenspektrum der Vorträge umfasste politisch-ökonomische, naturwissenschaftlich-technische, medizinische, geographische sowie philosophisch-kulturelle Themen. Neben Vorträgen zu Themen, die für die Hörer von praktischem Nutzen waren – Mieter- und Rechtsschutz, Arbeitsmedizin etc. –, gab es auch anspruchsvolle weltanschaulich-philosophische Vorträge, etwa den über die »Hegelsche Dialektik«, bei dem sich der Vortragssaal als zu klein erwies. (Freie Presse vom 24. April 1899)

Das niederrheinische Agitationskomitee – mit Sitz in Elberfeld – beauftragte so genannte Wanderredner, die ihre Vorträge in den kleinsten Orten des Agitationsbezirks, dem Regierungsbezirk Düsseldorf, hielten. Da die Sozialdemokratie sich explizit gegen den Einfluss der Kirchen stellte, gab es unter den Anhängern ein großes Bedürfnis nach philosophisch-weltanschaulicher Bildung. Darwin und Marx galten als Säulen einer neuen Weltanschauung, die Engels in seinem Buch »Herrn Eugen Dührings Umwälzung der Wissenschaften« knapp und verständlich zusammengefasst hatte. Bei solchen anthropologisch-philosophischen Vorträgen verzeichnete zum Beispiel ein Dr. Woltmann in einem Polizeiprotokoll von 1899 500 Männer und 80 Frauen (Stadtarchiv Wuppertal T II 201 [7]).

In der »Mai-Zeitung« von 1897 überreicht eine idealisierte Frauenfigur, die ihre Füße auf Bände von Marx (wissenschaftlicher Sozialismus), Darwin (naturwissenschaftliche Widerlegung der Religion) und Lassalle (Gründung einer sozialdemokratischen Partei) stützt, den Arbeiterinnen und Arbeitern ein Lichtschwert mit der Parole »Wissen ist Macht« (Sammlung Udo Achten).

Der Parteitag in Barmen und eine Erinnerungskarte vom Engels-Haus

Im Jahr 1897 war die Stadt Barmen auf etwa 130.000 Einwohner angewachsen. Die Bevölkerung hatte sich während der Lebenszeit von Engels mehr als versechsfacht. Fast euphorisch schrieb Heinrich Harm, Verfasser geographischer Schulbücher 1897: »Großartiger als sonst irgendwo in Deutschland tritt uns das Fabrikleben in Elberfeld-Barmen entgegen. (...) Ein Blick von einem der umkränzenden Berge herab bietet ein großartiges Bild. Ein fast unübersehbares Häusermeer dehnt sich in dem Thalkessel, dringt in die Schluchten des Gebirges ein und klimmt an den Bergwänden links und rechts empor. Hunderte von Schornsteinen, darunter Riesen von mehr als 100 m Höhe, erheben sich in die Luft. In manchen Stadtteilen reiht sich Fabrik an Fabrik. Hier werden Tuche aller Art, dort Seiden- und Sammetzeuge gewirkt und unaufhörlich klappern die Webstühle, rauschen die blitzschnell sich drehenden Spindeln. (...) Welch ein Gewoge in den Straßen, wenn in den Pausen die Scharen fleißiger Arbeiter den Fabrikräumen entströmen! – Eisenbahnzüge eilen hin und her, an zehn Bahnhöfen haltend! – Mit gutem Recht nennt man Elberfeld-Barmen das ›deutsche Manchester‹«. (Harm 1897: 142)

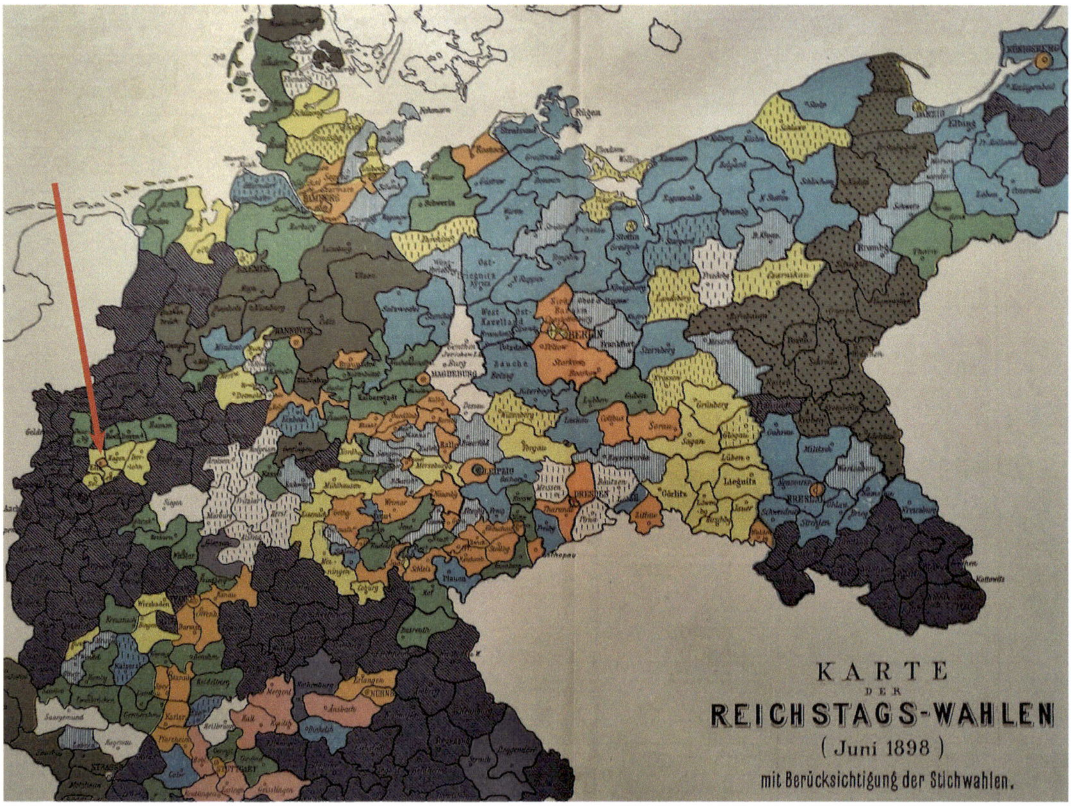

Karte der Reichstagswahlen vom Juni 1898: In der Preußischen Rheinprovinz ganz im Westen Deutschlands tritt als einziger oranger (d.h. sozialdemokratischer) Wahlkreis Elberfeld-Barmen hervor (Sammlung Udo Achten).

Barmen **Parteitag** Barmen
der Sozialdemokratie des Niederrheins
Sonntag den 23. Januar, Vormittags 11 Uhr,
im Saale des Hotel „Deutsches Haus", früher Central-Hotel, Eingang Cleferstraße.
Eintritt für sich legitimirende politisch und gewerkschaftlich Organisirte frei, für Nichtorganisirte 30 Pfg.

Abends 7½ Uhr,
im großen Saale des Hotel „Deutsches Haus", früher Central-Hotel, Eingang Cleferstraße:
Commers zu Ehren der Delegirten
unter gütiger Mitwirkung **sämmtlicher Arbeiter-Gesangvereine**, des **Arbeiter-Turnvereins „Vorwärts"** und der **Büdiker'schen Kapelle.**
Entree für Frauen und organisirte Arbeiter 30 Pfg., für Unorganisirte 50 Pfg.
Das Lokal-Comité.

Anzeige zum Parteitag der Sozialdemokratie des Niederrheins in der »Freien Presse« vom Januar 1898

Zugleich war die Doppelstadt unbestritten die Hochburg der sozialistischen Arbeiterbewegung im Westen Deutschlands. Seit den ersten freien und gleichen Wahlen im Jahr 1867 hatte bis 1897 – abgesehen von einer vierjährigen Unterbrechung während des Sozialistengesetzes – immer ein Sozialdemokrat diesen Wahlkreis im Reichstag vertreten. Im Januar 1898 fand der erste »Niederrheinische Parteitag« in Barmen statt. Im Jahr zuvor war die Rheinprovinz, bisher ein Agitationsbezirk, in zwei Bezirke aufgeteilt worden: Niederrhein und Oberrhein. So beginnt die *Freie Presse* am 24. Januar 1898 ihren Bericht mit den Worten: »Jetzt hat Barmen, die Geburtsstadt Friedr. Engels', die Ehre, den ersten niederrheinischen sozialdemokratischen Parteitag zu beherbergen.« Den Saal in einem der vornehmsten Hotels der Stadt, dem »Central-Hotel«, hatte man festlich geschmückt, wie die *Freie Presse* weiter informiert: »Die Säulen sind mit Roth umwunden und mit roten Tüchern verbunden. Rednerpult und Bühne roth ausgeschlagen, über derselben prangt das kurze aber so unendlich vielsagende Diktum Karl Marx' ›Proletarier aller Länder vereinigt euch!‹ Im Hintergrund der Bühne hebt sich, vom Lorbeer umgeben und von einem Baldachin überwölbt, die lebensgroße Büste von Friedrich Engels ab. Rechts und links sind die Büsten von Marx und Lassalle aufgestellt. Die Bühne war zudem mit der alten Fahne des sozialdemokratischen Volksvereins Elberfeld, vom allgemeinen deutschen Arbeiterverein übernommen, sowie mit den Gewerkschaftsfahnen geschmückt.«

Mit dem Parteitag begann im Tal auch die posthume Ehrung von Friedrich Engels: In Erinnerung an den Parteitag ließ man eine Postkarte mit dem Foto von Engels' Geburtshaus drucken. Es ist zu vermuten, dass die Delegierten dem Haus auch einen Besuch abstatteten.

Zum Niederrheinischen Parteitag in Barmen 1898 erschien eine Gedenk-Postkarte mit der Abbildung des Geburtshauses von Friedrich Engels (StAW).

Erinnerungsorte und Denkmäler

Engels-Skulptur des chinesischen Bildhauers Zeng Chenggang, ein Geschenk der Volksrepublik China nach dem Besuch einer chinesischen Regierungsdelegation zum 190. Geburtstag im Engels-Haus (Reiner Rhefus).

Der 125. Geburtstag – Benennung der »Friedrich-Engels-Allee«

Die Verbindungsstraße zwischen Elberfeld und Barmen, eine bereits Anfang des 19. Jahrhunderts zu französischer Zeit angelegte Provinzialstraße, trug den Namen »Allee«. Als sich im Herbst 1945 Gewerkschaften und Parteien neu konstituieren konnten, forderte Hermann Herberts, späterer Oberbürgermeister, bei einer Feierstunde in der Elberfelder Stadthalle zum 125. Geburtstag von Friedrich Engels eine »würdige Ehrung dieses verdienstvollen

Hermann Herberts, der spätere Oberbürgermeister, forderte bei der Feierstunde zu Engels' 125. Geburtstag dessen dauerhafte Würdigung durch die Stadt (NRZ 28.11.1945).

Zu Friedrich Engels 125. Geburtstag

Dem Mitbegründer des wissenschaftlichen Sozialismus – Feierstunde in der Stadthalle

Einer der ersten Köpfe mit klarem Denken, aber auch mit starkem Gerechtigkeitssinn und Idealismus erfüllt, der die Notwendigkeit einer Produktions- und Gesellschaftsumgestaltung einsah, war Friedrich Engels, der mit Karl Marx der Begründer des wissenschaftlichen Sozialismus geworden ist. Beide sind Rheinländer. Marx ist in Trier geboren, während Friedrich Engels in Wuppertal-Barmen am 28. November 1820 das Licht der Welt erblickte. Einem ausführlichen Lebensbild Engels', dargestellt von Gustav Schnell, entnehmen wir:

Richtungen. Von jetzt ab stand er mit Marx in ständigem Briefwechsl, die Ideengemeinschaft wurde immer inniger. In einem Buche gegen den Hegelianimus setzten sie der Ideologie den Materialismus erkenntnisreich entgegen. Engels gab 1845 das erste Buch des wissenschaftlichen Sozialismus. „Die Lage der arbeitenden Klasse in England" heraus und hierauf das „Kommunistische Manifest". Sein erstes Buch hatte Engels in Wuppertal-Barmen ausgearbeitet. Er erkannte aber recht bald, daß er mit seinen jetzigen Ansichten einen Auf-

am 5. August 1895 seine Augen für immer. Der Feuerbestattung in London wohnten Bebel, Liebknecht und Singer im Auftrage der deutschen Partei bei.

*

Das Andenken Friedrich Engels' ehrte die Sozialdemokratische Partei Wuppertal am Sonntag in einer Feierstunde in der Stadthalle Elberfeld. Hermann Herberts entwarf in seiner Gedenkrede das Lebensbild des deutschen Sozialisten, in das er auch die mensch-

großen Sohnes«. Franz Landowski (1896-1979), Vorsitzender der SPD Wuppertal und Stadtdirektor, schlug die Benennung der »Allee« in »Friedrich-Engels-Straße« vor. Im Januar 1946 richtete die Alliierte Militärregierung eine neue Stadtvertretung ein, in der alle demokratischen Parteien (FDP, Zentrum, CDU, SPD, KPD) vertreten waren. Bei einer der ersten Zusammenkünfte des Gremiums wurde der Vorschlag von Landowski ohne Gegenstimme gebilligt.

Die Friedrich-Engels-Allee ist die wichtigste Verkehrsachse in Wuppertal. Sie verbindet seit 1811 Elberfeld und Barmen (Reiner Rhefus).

Am 12. Februar 1946 wurde die offizielle Umbenennung der Allee in »Friedrich-Engels-Allee« in den »Mitteilungen der Militärregierung« bekanntgegeben (StAW). Eine Woche später fand auf der Allee, auf der die meisten Häuser in Trümmern lagen, eine kleine Feier statt. Zeitgleich mit der »Friedrich-Engels-Allee« erhielt auch in Elberfeld die große Straße auf der Talachse, die »Königsstraße«, einen neuen, einen republikanischen Namen. Sie wurde nach dem Sozialdemokraten und ersten Präsidenten der Weimarer Republik »Friedrich-Ebert-Straße« benannt.

Der Friedrich-Engels-Gedenkstein

Bei den Kommunalwahlen des Jahres 1956 hatten die Sozialdemokraten die absolute Mehrheit im Stadtrat erhalten. Hermann Herberts, ein linker Sozialdemokrat und bis dahin Leiter der Presseabteilung beim DGB-Bundesvorstand, wurde zum Oberbürgermeister gewählt. Am 5. August 1958, dem 63. Todestag von Friedrich Engels, enthüllte er gemeinsam mit dem Vorsitzenden des SPD-Landesbezirks, Alfred Dobbert, einen Gedenkstein im Engelsgarten. Den mächtigen, aber schlichten Stein aus Muschelkalk hatte Kurt Schwippert bearbeitet, Leiter der Bildhauerklasse an der Werkkunstschule. Er trug die Aufschrift: »Hier stand das Geburtshaus des großen Sohnes un-

Alfred Dobbert, Vize-Präsident des Landtags von NRW, Stadtrat und Vorsitzender des SPD-Bezirks Niederrhein, enthüllt gemeinsam mit Hermann Herberts (vermutlich hinter dem Stein) den Gedenkstein für Friedrich Engels (StAW).

serer Stadt Friedrich Engels. Er ist der Mitbegründer des wissenschaftlichen Sozialismus.« Bei seiner Ansprache dankte Herberts insbesondere der Familie Engels-Schuchard, die durch den Verkauf des Grundstücks der Villa Hermann Engels die Anlage eines öffentlichen Parks und die Aufstellung des Gedenksteins ermöglicht hatte. Das Geburtshaus von Friedrich Engels, alle umliegenden Häuser und auch die von Hermann Engels errichtete Villa waren bei dem verheerenden Bombenangriff am 30. Mai 1943 zerstört worden.

Die Aufstellung des Steins und die Formulierung: »Mitbegründer des Wissenschaftlichen Sozialismus« war umstritten. Der Textvorschlag stammte von Willi Goeke, dem stellvertretenden Vorsitzenden des SPD-Unterbezirks, zugleich Stadtdirektor und Kulturdezernent. Goeke gehörte einer Generation von Sozialdemokraten an, für die der »wissenschaftliche Sozialismus« zum politischen Selbstverständnis gehörte. Doch zu dieser Zeit gerieten die Positionen der Marxisten auch innerhalb der SPD in die Defensive. Einen Monat nach der Enthüllung des Gedenksteins, bei den Bundestagswahlen im September 1958, wurde die SPD zum dritten Mal in Folge geschlagen. Der SPD-Vorsitzende Erich Ollenhauer forderte als Konsequenz ein neues Grundsatzprogramm. Das nun erarbeitete »Godesberger Programm« wurde zu einem Wendepunkt in der Geschichte der SPD.

Die Linken in der SPD wandten sich zunächst gegen eine neue programmatische Ausrichtung, die die Verwischung der Klassengegensätze und den wirtschaftlichen Optimismus propagierte (siehe hierzu Weber 1991: 227). Erst als Herbert Wehner, Repräsentant der Linken in der engeren Parteiführung, offen mit seinem Rücktritt drohte – er wollte damit die Spaltung verhindern –, wurde das Programm auch vom linken Parteiflügel akzeptiert und schließlich mit überwältigender Mehrheit angenommen. Der Begriff »Marxismus« fand darin nicht einmal mehr Erwähnung.

Der 150. Geburtstag in der Stadthalle – Streit um das Erbe von Friedrich Engels

Der 150. Geburtstag von Friedrich Engels fand in einer Zeit großer politischer Umbrüche statt. Die 68er-Bewegung übte grundsätzliche Gesellschaftskritik und hatte die marxistische Theorie erstmals auch wieder in die Hörsäle der Universitäten gebracht. Zugleich hatten die Sozialdemokraten mit Willy Brandt an der Spitze einen Wandel der Ostpolitik und einen Dialog mit den offiziellen Vertretern der sozialistischen Länder begonnen. Beide Entwicklungen waren in der Bundesrepublik heftig umstritten und erregten die Gemüter sowohl der Gegner Engels' als auch die der miteinander konkurrierenden politischen Gruppen der Linken, die jeweils sein Erbe für sich in Anspruch nahmen.

Am Vorabend zu Engels' 150. Geburtstag hielt Bundeskanzler Willy Brandt in der Elberfelder Stadthalle eine Grundsatzrede zu »Friedrich Engels und

Willy Brandt, damals Berliner Oberbürgermeister, und der Wuppertaler Oberbürgermeister Hermann Herberts 1961 vor dem Engels-Gedenkstein (StAW).

die soziale Demokratie«. Als Vorsitzender der SPD umriss Brandt die (damalige) sozialdemokratische Position zu Engels und grenzte sich gegenüber den Kommunisten, die sich als dessen wahre Erben betrachteten, scharf ab: »Es muß freilich verwirren, wenn man eine geschichtliche Gestalt wie Friedrich Engels durch Kommunisten in aller Welt in den Rang eines Säulenheiligen erhoben sieht. Nur darf dies nicht verwirren, daß es zu einem redlichen Urteil unfähig macht.« (Brandt 1970: 18) Zugleich betonte er: »Marx kam aus Trier, Engels aus Barmen. Ob man die Sozialdemokraten schmäht oder nicht: über ihr Erbe lassen sie nicht willkürlich verfügen. So sage ich als deutscher Sozialdemokrat: Wir können uns Teile unserer Geschichte nicht nehmen lassen ohne zu verarmen. Wir stehen zu unsrer Geschichte, selbstkritisch, aber auch selbstbewußt.« (Ebd.: 12)

Am gleichen Abend hielt auch Kurt Hager, Mitglied des Politbüros der SED und als »Chefideologe« der SED bekannt, in Ostberlin eine Rede zum gleichen Thema (Hager 1970). Doch Hagers Publikum unterschied sich beträchtlich von dem in Wuppertal: Die gesamte Staatsführung der DDR, die Mitglieder des Zentralkomitees der SED, des Staatsrates, des Ministerrates und des Nationalrates der Nationalen Front hatten sich anlässlich der Rede zu Engels' Geburtstag versammelt. Beide Reden wurden im jeweiligen deutschen Staat als Broschüren veröffentlicht. Während der Rede von Brandt gab es vor der Stadthalle Proteste von Rechtsradikalen, die sich vor allem gegen die neue Ostpolitik richteten. Es flogen Stinkbomben und es kam zu Festnahmen durch die Polizei.

Am nächsten Tag richtete die DKP in der Stadthalle eine internationale Konferenz aus. Delegationen von kommunistischen Bruderparteien, DDR-

Wissenschaftler, der DKP-Vorsitzende Kurt Bachmann, der sowjetische Botschafter und einige hundert junge Arbeiter und Studenten aus der ganzen Bundesrepublik debattierten über »Engels und die Arbeiterbewegung heute«. Zum Abschluss, nach der Festveranstaltung, zogen die Teilnehmer mit einer Fackeldemonstration über die Friedrich-Engels-Allee nach Barmen, zum Engels-Gedenkstein.

Ministerpräsident Heinz Kühn eröffnet das Engels-Haus

Am Tag nach dem 150. Geburtstag, einem Sonntagvormittag, eröffnete Ministerpräsident Heinz Kühn das Engels-Haus. In der ersten Etage hatte Dieter Dowe, Mitarbeiter der SPD-nahen Friedrich-Ebert-Stiftung, eine Dauerausstellung zu Leben und Werk von Friedrich Engels gestaltet. Für die ersten drei Monate hatte Dowe 91 wertvolle Originaldokumente als Exponate geliehen, darunter elf Marx-Engels-Briefe, sieben Manuskripte – etwa die »Kritik des Gothaer Programms« – und 45 Erstausgaben. Die Presse titelte »Museum für zwölf Bürger und einen Revolutionär« und lobte ein »distanziertes Engels-Bild, frei von jeglicher Dogmatik« (Eike Pies, *Westdeutsche Rundschau*). Die Ausstellung bildete den Grundstock für die spätere Dauerausstellung.

Das Engels-Haus war zugleich Gästehaus der Stadt und Museum für verdiente Wuppertaler. Die untere Etage und der Gewölbekeller wurden zu Emp-

Oberbürgermeister Gottfried Gurland (l.), NRW-Ministerpräsident Heinz Kühn (m.) und der Vorgänger von Gurland als Oberbürgermeister, Johannes Rau (r.), im Engels-Haus vor dem Portrait von Caspar Engels (Gerd Hensel).

fängen und repräsentativen Zusammenkünften genutzt – Johannes Rau gab später hier gerne seine Geburtstagsempfänge –, im zweiten Obergeschoss wurden unter anderem die Unternehmer Friedrich Bayer, Carl Duisberg, Abraham Frowein und August Von der Heydt, der Dirigent Hans Knappertsbusch, der Mediziner Ferdinand Sauerbruch und die Dichterin Else Lasker-Schüler gewürdigt.

Links: Das Plakat der Stadt Wuppertal kündigt die offiziellen Festveranstaltungen zum Engels-Geburtstag an (Historisches Zentrum Wuppertal). Rechts: Plakat der DKP zur internationalen theoretischen Konferenz am 28./29.11.1970 in der Stadthalle (Sammlung Jürgen Schuh).

Die Kommunisten eröffnen das »Friedrich-Engels-Zentrum«

Am Abend des 28. November 1970 wurde das »Friedrich-Engels-Zentrum« an der Gathe eröffnet. Das Zentrum war der Sitz der »Friedrich-Engels-Stiftung«, die der DKP so nahe stand wie die »Friedrich-Ebert-Stiftung« der SPD oder die »Konrad Adenauer-Stiftung« der CDU. Neben einer ständigen Engels-Ausstellung gab es eine »Friedrich-Engels-Buchhandlung«, eine Bibliothek und Vortrags- und Versammlungsräume.

Wie im Engels-Haus, so gab es auch an der Gathe häufig international bekannte Besucher, etwa die sowjetische Kosmonautin Valentina Tereschkowa, bei deren Ankunft die Gathe abgesperrt wurde und die Nachbarn sich vor dem Haus versammelten, um der ersten Frau im All zu applaudieren. Ein anderer

Das Marx-Engels-Zentrum auf der Gathe, in der Türnische gibt es seit September 2019 auch eine Marx-Statue in Wuppertal. Die Holzplastik der Bildhauerin Dana van Rijssen fand nach dem 200. Geburtstag von Marx dort ein neues Zuhause (Reiner Rhefus).

prominenter Besucher war 1983, zum 100. Todestag von Karl Marx, sein Urenkel Robert-Jean Longuet. Nach dem Mauerfall und dem Niedergang der sozialistischen Länder 1989 bis 1992 wurden die Buchhandlung und die Ausstellung geschlossen. Der rote Schriftzug auf der Fassade macht den Passanten auch heute noch auf den Sitz der »Marx-Engels-Stiftung« aufmerksam. Zugleich begegnet man hier auch Karl Marx auf Augenhöhe: Die Bildhauerin Dana van Rijssen hat 2018, zum 200. Geburtstag des kommunistischen Vordenkers, einen hölzernen Karl Marx geschaffen, der zunächst in dessen Heimatstadt Trier, in Sichtweise des Marx-Hauses, präsentiert wurde. Nach dem Festjahr erwarb ihn die Stiftung und präsentiert ihn nun in einer Nische des Hauses, in dem auch heute noch die Aktualität von Marx' und Engels' Gedanken debattiert wird.

»Die starke Linke« – die Hrdlicka-Skulptur im Engelsgarten

Auch die Enthüllung des Hrdlicka-Denkmals im Engelsgarten im Juli 1981 wurde zum Politikum. Vier Jahre hatte der politische Streit um dieses Denkmal schon gedauert, als schließlich Johannes Rau, Ministerpräsident von Nordrhein-Westfalen, und Oberbürgermeister Gottfried Gurland die Skulptur vor etwa 2.000 Menschen enthüllten. Der Bildhauer bemerkte zu seinem Werk: »Ich hätte gerne einen historischen Engels gehabt und hätte gerne den künstlerischen Geschmack des Herrn Engels festgehalten. Ich habe da so eine Allegorie gemacht, wie eine Frau einem Krieger einen Lorbeerkranz aufs Haupt setzt, und daneben wollte ich den Aufstand der englischen Kohlenarbeiter machen. Da das nicht ging, habe ich einfach nur einen Teil ge-

Juli 1981: Alfred Hrdlicka bei der Enthüllung seines Denkmals im Engelsgarten (Antje Zeis-Loi, Medienzentrum Wuppertal)

macht, den prophetischen Teil von Engels: ›Ihr habt nichts zu verlieren als eure Ketten.‹ Das sollte ursprünglich der zweite Teil werden, aber jetzt existiert das Denkmal eigentlich nur als prophetischer Teil, als Aufruf an das Proletariat, seine Ketten abzuschütteln. (...) Diese Ketten fressen sich nicht nur in den Körper, sie fressen sich auch ins Hirn. Aber es gibt eine unheimlich starke Hand, eine unheimliche Linke aus diesem Denkmal heraus, die versucht, die Ketten zu sprengen, und das ist das zweite Engels-Thema.« (Zitiert in Tauber 1990: 128)

Jede Seite der Skulptur zeigt eigene Aspekte des hier angesprochenen Befreiungskampfes. Die Anspannung aller Kräfte, Ohnmacht und Zusammenbruch, den beginnenden Gleichschritt. Der Torso weist auf das Unvollendete dieses Kampfes hin. Hrdlicka ging es nicht um die Wahrnehmung von Individuen, sondern um die einer Bewegung, einer menschlichen oder Klassenbewegung. Der »Eindruck eines dynamischen Ganzen; Drängen und Schieben,

»Die starke Linke« – die Skulptur versinnbildlicht die Anstrengungen zur Befreiung und lässt sich auf das Manifest der Kommunistischen Partei beziehen: »Die Proletarier haben nichts zu verlieren als ihre Ketten.« (Reiner Rhefus)

Bohren und Zwängen lassen vielleicht die Unterscheidung einzelner Körperteile zu, nicht mehr aber ihre Zuordnung zu bestimmten Einzelgestalten. Genau diese lebendige Wirkung erzielt Hrdlicka: Arme Beine Füße Hände dringen aus dem mächtigen Steinblock in ganz verschiedenen Größenrelationen hervor, ein halber Oberkörper, ein halber Kopf, eine fast vollständige Figur. Alle Detailtreue in der Physiognomie, alle angespannte Sehnigkeit und Muskulösität, nichts führt zu irgendeiner Möglichkeit der Individualisierung« – so der Kunsthistoriker Henry Tauber (Ebd.: 132).

Hrdlicka entstammte einer kommunistischen Familie aus Wien und entwickelte sich zu einem angesehenen Bildhauer von europäischem Rang. »Die starke Linke« zählt neben Skulpturen in Hamburg, Stuttgart und Wien zu den vier Hauptwerken des Künstlers. Sie gehört dem städtischen Von-der-Heydt-Museum, das seinerzeit auch eine Ausstellung mit seinen Werken ausrichtete.

»Im Tal der Wupper« – Friedrich Engels auf dem Stadtbrunnen

Im gleichen Monat wie die Hrdlicka-Skulptur wurde am 21. Juli auch der Stadtbrunnen auf dem Rathausvorplatz enthüllt. Der Bildhauer Bert Gerresheim gab ihm den Namen »Im Tal der Wupper«. Mit 26 Reliefs und über 700 Einzeldarstellungen erzählt er Episoden aus der Geschichte der Wupperstädte, wobei die sozialen Verhältnisse und Klassenkämpfe zur Lebenszeit von Friedrich Engels einen großen Raum einnehmen. So trägt ein Relief den Titel »Tod am Webstuhl«, andere die Titel »Zuwanderung«, »Arbeiterelend im Tal«, »Ferdinand Lassalle vor den Wuppertaler Arbeitern« oder »Erste allgemeine Streiks im Wuppertal« (siehe hierzu Knieriem 1981: 28-32). Das Relief über den »Elberfelder Barrikadenkampf« zeigt Friedrich Engels, wie er sich mit ausgestreckten Armen schützend vor die Aufständischen stellt.

Ein Fries um den Brunnenrand des Stadtbrunnens erinnert an historische Persönlichkeiten der Stadtgeschichte. Hier finden sich der gealterte Friedrich Engels – im Gespräch mit Karl Marx – sowie einige seiner Gefährten: Moses Hess, Ferdinand Freiligrath, der Maler Gustav Adolf Köttgen und Johannes Schornstein. Auch der Schwager Emil Blank, Unterstützer der *Neuen Rheinischen Zeitung* und später Bankier und Mitbegründer des Barmer Kunstvereins, wird hier als angesehener Bürger und Mäzen der Stadt abgebildet (siehe den Ausschnitt auf der folgenden Seite).

Bert Gerresheims Relief XVI »Elberfelder Barrikadenkampf« zeigt Friedrich Engels, der im Mai 1849 für einige Tage als Barrikadeninspektor am Aufstand teilnahm (Reiner Rhefus).

Engels und Marx im Fries des Brunnens, der zahlreiche historische Persönlichkeiten der Stadtgeschichte zeigt (Reiner Rhefus)

Der Brunnen wurde 1979 von der Firma Vorwerk & Co. zur 50-Jahrfeier der Stadt Wuppertal gestiftet. Engels' Nichte Cecilie Blank hatte den Firmengründer Carl Vorwerk geheiratet. Es war wohl auch diese familiäre Beziehung zu Friedrich Engels, die die Inhaber des internationalen Konzerns immer wieder bewog, als Förderer des Engels-Hauses und des Museums für Frühindustrialisierung aufzutreten.

Bert Gerresheim hatte 1981 auch das Vexiermonument für Heinrich Heine in Düsseldorf geschaffen, das dort eine ähnlich kontroverse Auseinandersetzung auslöste wie das Hrdlicka-Denkmal in Wuppertal. Jens Fischer schrieb am 23.4.1981 im *Vorwärts*: »Die bänglich-spießige Verdrücktheit in deutschen Landen, wenn es um die Ehrung einer geschichts- oder kulturmächtigen Persönlichkeit geht, die sich nicht allein um Thron und Altar oder die Steigerung der Dividenden verdient gemacht hat, gehört zum erbärmlichen Alltag der Bundesrepublik. Ob das nun ein Heinrich Heine für Düsseldorf ist, ein Ernst Bloch für Stuttgart oder Friedrich Engels für Wuppertal – das rote Tuch hat viele Namen.«

150 Jahre demokratische Revolution – die Plakette am Standort der Hauptbarrikade

Im Jahre 1996 begannen die Vorbereitungen für eine Ausstellung, die zum 150. Jubiläum der Revolution von 1848/49 die verschiedenen Ausprägungen dieser »Rheinischen Revolutionen« in den Städten des Rheinlandes zeigen sollte. Vor allem die Ereignisse in den revolutionären Brennpunkten des Rheinlandes, in Köln, Düsseldorf und Elberfeld, wurden von Archivaren und Historikern in den Rheinischen Museen aufgearbeitet. Naturgemäß nahmen

Marx und Engels und ihr Umfeld einen zentralen Platz bei diesen Forschungen und der anschließenden Präsentation ein. Zunächst war die Ausstellung »Petitionen und Barrikaden – Rheinische Revolutionen 1848/49« im Landtag zu sehen. Vom November 1998 bis Mai 1999 gastierte sie, bereichert um viele Wuppertaler Exponate, im »Haus der Jugend«. In den Katalogen zur Ausstellung wurde die Rolle von Friedrich Engels und seiner Gefährten ausführlich herausgestellt. In seinem Vorwort sprach Ministerpräsident Johannes Rau die besondere Rolle von Engels in Köln und Wuppertal an.

Im März 1999 erinnerte ein gemeinsames Projekt der Volkshochschule, des Schauspiels Wuppertal, der Gewerkschaften und weiterer Institutionen mit Vorträgen, Stadtführungen, einer Feierstunde und anderen Aktivitäten an die Freiheitskämpfe von 1849. Im Mai enthüllte Oberbürgermeister Hans Kremendahl am Standort der Hauptbarrikade von Elberfeld – nahe dem damaligen Rathaus, dem heutigen Von-der-Heydt-Museum, eine Erinnerungsplakette. Die Namen der drei zivilen Toten der Kämpfe vom 9. und 10. Mai 1849 hatte 150 Jahre später Michael Knieriem bei seinen Forschungen herausgefunden. Neben einem Text von Heinrich Heine werden sie nun am Ort der Kämpfe namentlich aufgeführt. Doch natürlich war auch von Friedrich Engels, dem »Barrikadeninspektor« von Elberfeld, bei der Ansprache des Oberbürgermeisters die Rede.

Das Gedicht »Enfant Perdu« schrieb der Dichter Heinrich Heine wenige Jahre vor seinem Tod und nach der gescheiterten Revolution von 1848/49. Die letzte Strophe lautet:

Ein Posten ist vakant! – Die Wunden klaffen –
Der eine fällt, die andern rücken nach –
Doch fall ich unbesiegt, und meine Waffen
Sind nicht gebrochen – nur mein Herze brach.

Eine von der Geschäftsstelle der IG Metall Wuppertal gestiftete Plakette an der Herzogstraße/Wall erinnert an den Standort der Hauptbarrikade und die Toten vom Mai 1849 (Reiner Rhefus).

Friedrich Engels – made in China

Im Juni 2014 wurde die Friedrich-Engels-Skulptur des chinesischen Bildhauers Zeng Chenggang enthüllt. Sie hat eine Höhe von 3,85 Metern, der Dargestellte blickt in Richtung des Engels-Gedenksteins, Standort seines Geburtshauses. Auf dem pyramidenförmigen Stahlpodest ist – in Deutsch und Chinesisch – ein Engels-Zitat (MEW 20: 444) zu lesen: »Die Arbeit ist die Quelle alles Reichthums, sagen die politischen Oekonomen. Sie ist dies – neben der Natur, die ihr den Stoff liefert, den sie in Reichthum verwandelt. Aber sie ist noch unendlich mehr als dies. Sie ist die erste Grundbedingung alles menschlichen Lebens, und zwar in einem solchen Grade, dass wir in gewissem Sinn sagen müssen: sie hat den Menschen selbst geschaffen. (Dialektik der Natur)«.

Auf der rückwärtigen Seite wird an die Übergabe des Denkmals als Geschenk der Volksrepublik China erinnert. Es geht zurück auf den Besuch einer chinesischen Regierungsdelegation, die zum 190. Geburtstag das Engels-Haus besichtigte. Das Geschenk aus China wurde von der Stadtspitze befürwortet, nicht zuletzt, weil man sich davon versprach, es werde die Entwicklung der Wirtschaftsbeziehungen befördern und weitere Besucher aus der Volksrepublik anlocken.

Doch das Denkmal rief auch Widerspruch hervor. Neben den repressiven Verhältnissen in China kritisierte man auch die Skulptur selbst und ihre Ästhetik. Die Debatte wurde in der Lokalpresse und in den großen Zeitungen, – *Frankfurter Allgemeine Zeitung*, *Der Spiegel*, *Die Welt* – geführt. Auf die Befürchtung, die Stadt könne ein allzu heroisches Denkmal, einen »zweiten Lenin« bekommen, antwortete Eberhard Illner, Leiter des Historischen Zentrums, die Statue sei »zwar figürlich erkennbar, aber trotzdem in moderner künstlerischer Sprache« gehalten. »Die Statue hat eine sehr interessante Oberfläche, ist ziemlich amorph gestaltet, und es ist eben kein Lenin, sondern ein Engels, der nachdenklich ist, der sinnierend dasteht, vielleicht über das, was er geschrieben hat, noch mal nachdenkt, also eine ganz, ganz andere Ausdrucksform hat, als wir sozusagen die Denkmäler aus dem sozialistischen Realismus so kennen«. Sie halte somit internationalen künstlerischen Maßstäben stand.

Die Stele zur Industriegeschichte; rechte Seite unten: im »Engels-Pavillon«
(Reiner Rhefus)

Der Engels-Pavillon und die Stele zur Industriegeschichte

Wegen des Umbaus und der Erweiterungsmaßnahmen zum 200. Engels-Geburtstag mussten sowohl das Engels-Haus als auch das Museum für Frühindustrialisierung geschlossen werden. Für den Zeitraum der Schließung wurde ein »Engels-Pavillon« am Eingang zum Engelsgarten eingerichtet. Eine kleine Ausstellung informiert über den Lebensweg von Friedrich Engels,

Bei seinem Besuch im September 1987 in Wuppertal brachte Erich Honecker nicht nur die kleine Engels-Statue von Eberhard Thiele mit, sondern erhielt im Beisein von Oberbürgermeisterin Ursula Kraus überraschend von Rockstar Udo Lindenberg eine E-Gitarre und eine Lederjacke geschenkt. Er revanchierte sich später bei Lindenberg mit einer Schalmei (Antje Zeis-Loi, Medienzentrum Wuppertal).

zeigt einige seiner Werke, die Geschichte des Engelsgartens und den Standort des Elternhauses. Fotografien geben einen Eindruck vom Inneren und der Ausstattung des Engels-Hauses. Die kleine Engels-Statue von Eberhard Thiele (Kopie) hat Erich Honecker (1912-1994), Staatsratsvorsitzender der DDR, bei seinem Besuch im September 1987 als Gastgeschenk mitgebracht. Im Eingang des Engelsgartens steht eine Stele mit Infotafeln, die über die Manufaktur »Caspar Engels-Söhne« informieren. Die Stele ist eine Station der Industriekulturrouten zur Industrie-und Sozialgeschichte des Wuppertals.

Anhang

Ausgewählte Lebensdaten, Aufenthalte im Wuppertal

Barmen und Elberfeld (1820 bis 1837)

28. November 1820	Engels wird als erstes Kind des Manufakturinhabers Friedrich Engels und seiner Frau Elisabeth, geb. van Haar, geboren.
1829-34	Engels besucht die Höhere Stadtschule in Barmen
Oktober 1834 bis September 1837	Besuch des Gymnasiums in Elberfeld
September 1837 bis August 1838	Handlungsgehilfe in der Firma seines Vaters in Barmen

Bremen (1838 bis 1841)

Handlungsgehilfe in einem Handelshaus

März 1838	Die »Briefe aus dem Wupperthal« erscheinen im »Telegraph für Deutschland« unter Pseudonym
März bis September 1841	Aufenthalt in Barmen

Berlin (1841 bis 1842)

Militärzeit. Engels besucht Vorlesungen an der Universität und verfasst Artikel für die Rheinische Zeitung, über die er mit Karl Marx in Kontakt kommt.

Mai 1842	Einweihung des Königsdenkmals in Barmen durch Friedrich Wilhelm IV.
Oktober/ November 1842	Zwischenaufenthalt von Engels in Barmen. Engels verfasst »Friedrich Wilhelm IV., König von Preußen«

Manchester (November 1842 bis August 1844)

Kaufmännische Ausbildung bei Ermen & Engels. Engels tritt in Kontakt mit den schon entwickelten englischen Arbeiterorganisationen und untersucht die Lebensverhältnisse in den Industriestädten. Er studiert die Werke der frühsozialistischen Theoretiker (Charles Fourier, Claude-Henri de Saint-Simon, Robert Owen) und die der klassischen politischen Ökonomie. Sein Aufsatz *Umrisse zu einer Kritik der Nationalökonomie* wird zum grundlegenden Impuls für das spätere Werk von Karl Marx.

Barmen-Elberfeld (September 1844 bis April 1845)

September 1844 bis April 1845	Zurück im Wuppertal vollendet Engels sein erstes Buch *Die Lage der arbeitenden Klasse in England.* Es findet auch wegen des vorausgegangenen Aufstands der Weber in Schlesien (1844) im Bürgertum großes Interesse.

Februar/März 1845	Engels organisiert gemeinsam mit Moses Hess und Gustav Adolf Köttgen die ersten »kommunistischen Versammlungen« in Deutschland.
Juli 1845 bis Juni 1846	Mit Unterstützung von Engels erscheint in Elberfeld der *Gesellschaftsspiegel*, eine der ersten sozialkritischen und sozialistischen oppositionellen Zeitungen in Deutschland.

Brüssel/Paris (April 1844 bis April 1848)

Juni 1846	Gustav Köttgen regt in einem Brief aus Elberfeld an, ein kommunistisches Korrespondenz-Netzwerk zu gründen. Die Gruppe in Elberfeld-Barmen steht in Verbindung mit Gruppen in Brüssel und London.
Februar 1848	Kurz vor dem Beginn der Revolutionen in Frankreich und Deutschland erscheint *Das Manifest der Kommunistischen Partei*.

Köln, Elberfeld, Baden (April bis September 1848/Januar bis Mai 1849)

April/Mai 1848	Engels reist nach Barmen, um Aktionäre für die »Neue Rheinische Zeitung« (NRhZ) zu werben.
8. Mai 1848	Auftritt von Marx und Engels vor dem »Politischen Clubb« in Elberfeld.
Juni 1848	Engels wird stellvertretender Chefredakteur der NRhZ.
September 1848	Verbot der NRhZ. Engels muss Köln verlassen, versteckt sich kurzzeitig in Barmen und geht dann über Brüssel und Paris in die Schweiz.
Jan. 1849	Zurück in Köln. Wieder Redakteur der NRhZ.
Mai 1849	Der Entwurf einer Reichsverfassung wird vom preußischen König abgelehnt. An mehreren Orten in Deutschland, auch in Elberfeld, bricht ein Aufstand aus (Reichsverfassungskampagne).
11.-14. Mai	Engels in Elberfeld, kurzzeitig »Barrikadeninspektor«.
19. Mai	Letzte Ausgabe der NRhZ
Juni	Beteiligung an den Kämpfen des badisch-pfälzischen Aufstandes. Steckbrieflich gesucht.
Oktober 1849	Engels reist per Schiff über Genua nach London ins Exil.

London (November 1849 bis November 1850)

November 1849	Engels beginnt mit der Rückbetrachtung der Revolution von 1848/49, verfasst Aufsätze und eine Studie zum deutschen Bauernkrieg.

Manchester (November 1850 bis 1869)

Leitender Angestellter der Baumwollspinnerei Ermen & Engels. Engels arbeitet nebenberuflich als Privatgelehrter, Publizist und Journalist (Militär- und Kriegspolitik, Ökonomie, Sprachen u.a.).

März 1860	Tod des Vaters. Engels erhält eine Ausnahmegenehmigung für einen 14tägigen Aufenthalt in Barmen/Preußen.
Mai 1860	Engels reist erneut nach Barmen zu seiner schwerkranken Mutter.
Januar 1861	Eingeschränkte Amnestie für die Revolutionäre von 1848/49 in Preußen.
April 1861	Karl Marx bereist Preußen und besucht am 13.4. Carl Siebel in Elberfeld.
Mai 1863	In Deutschland wird der Allgemeine Deutsche Arbeiterverein (ADAV) gegründet.
Juli 1864	Friedrich Engels wird Teilhaber der Firma Ermen & Engels in Manchester
September 1864	In London wird die Internationale Arbeiterassoziation (IAA) gegründet.
1865	Engels verfasst den Aufsatz *Die preußische Militärfrage und die deutsche Arbeiterpartei*, hierzu Leitartikel der »Barmer Zeitung«.
1867/68	Der erste Band von Karl Marx' *Das Kapital* erscheint. Engels lanciert gemeinsam mit Carl Siebel in Barmen Rezensionen und Notizen – unter anderem in der »Elberfelder Zeitung«.
Juni 1869	Engels beendet seine Tätigkeit bei Ermen & Engels.

London (1870 bis 1895)

September 1870	Engels siedelt nach London über, beginnt ein Werk zur Geschichte Irlands und wird korrespondierender Sekretär der IAA für mehrere Länder.
Oktober/ November 1873	Engels hält sich wegen des Todes seiner Mutter für einige Wochen in Engelskirchen und Barmen auf.
1873-1883	Engels befasst sich mit naturwissenschaftlichen Fragen und arbeitet an dem Werk *Dialektik der Natur* (unvollendet).
1876	entstehen die Schriften *Herrn Eugen Dührings Umwälzung der Wissenschaft* und *Der Sozialismus von der Utopie zur Wissenschaft*.
1879-1890	In der Zeit des Verbots der SPD in Deutschland ist Engels an der Erstellung der illegal in Deutschland vertriebenen Zeitung »Der Sozialdemokrat« beteiligt.
14. März 1883	Karl Marx stirbt. Engels arbeitet bis zu seinem Lebensende die hinterlassenen Manuskripte zu zwei weiteren Bänden von *Das Kapital* (1885 und 1894) aus.
Juli 1884	Die »Barmer Zeitung« veröffentlicht aus Anlass ihres 50jährigen Bestehens eine Sondernummer mit der Würdigung wichtiger Barmer Persönlichkeiten. Ein ausführliches Porträt widmet sie Friedrich Engels jun.

Oktober 1884	*Der Ursprung der Familie, des Privateigentums und des Staates*
April 1886	*Ludwig Feuerbach und der Ausgang der klassischen deutschen Philosophie*
Juni 1889	Gründung der Sozialistischen Internationale in Paris. Friedrich Harm aus Elberfeld ist einer der Delegierten.
November 1889	Erster Parteitag der rheinischen Sozialdemokraten. Elberfeld wird zum Zentrum der Sozialdemokraten der preußischen Rheinprovinz. »Geheimbundprozess« vor dem Landgericht in Elberfeld. Korrespondenz zwischen Bebel und Engels.
November 1890	Engels' 70. Geburtstag. Die Barmer Sozialdemokraten senden ihm ein Album mit Fotografien von Barmen. Dankbrief von Engels.
August/ September 1893	Engels' letzte Reise nach Deutschland. Er spricht auf dem Internationalen Sozialistenkongress in Zürich und verbringt mit seinem Bruder Hermann einige Tage in Graubünden/Schweiz.
April 1894	Brief Engels' an den Barmer Sozialdemokraten Carl Eberle.
5. August 1895	Friedrich Engels stirbt in London.
27. September 1895	Seebestattung fünf Seemeilen vor der Küste von Eastbourne. Fünf Neffen nehmen an der Trauerfeier teil.

Literatur und Quellen

Karl Marx/Friedrich Engels-Werke (1956ff.): Zitiert als MEW, nachfolgend die Band-Nummer, Dietz-Verlag, Berlin (DDR)/Dietz Berlin.

Karl Marx/Friedrich Engels Gesamtausgabe (1975ff.): Zitiert als MEGA, nachfolgend die Band-Nummern, Dietz-Verlag, Berlin (DDR)/Akademie Verlag/De Gruyter Verlag, Berlin

Bergmann, Günther (1970): Das Sozialistengesetz im rechtsrheinischen Industriegebiet. Ein Beitrag zur Auseinandersetzung zwischen Staat und Sozialdemokratie in Wuppertal und im Bergischen Land 1878-1890, Schriftenreihe des Forschungsinstituts der Friedrich-Ebert-Stiftung, Band 77, Hannover.

Bers, Günter (1973): Wilhelm Hasselmann (1844-1916) – Sozialrevolutionärer Agitator und Abgeordneter des deutschen Reichstages, Köln.

Blumenberg, Werner (Hrsg.) (1965): August Bebels Briefwechsel mit Friedrich Engels, Quellen und Untersuchungen zur Geschichte der deutschen und österreichischen Arbeiterbewegung VI., London/Paris.

Brandt, Willy (1970): Friedrich Engels und die soziale Demokratie: Reihe: Theorie und Praxis der deutschen Sozialdemokratie, Bonn/Bad Godesberg.

Feldmann, Christian (1991): Adolph Kolping. Für ein soziales Christentum, Freiburg/Basel/Wien.

Fülberth, Georg (2020): Wie zwei ein Compagniegeschäft betrieben. Friedrich Engels' Beitrag zum Werk von Karl Marx in: »Die Natur ist die Probe auf die Dialektik«. Friedrich Engels kennenlernen – mit Elmar Altvater, Joachim Bischoff, Michael Brie, Georg Fülberth, Eike Kopf, Thomas Kuczynski und Marcel van der Linden, Hamburg.

Gemkow, Heinrich (1958): Ein neuer Fund zur Biographie Friedrich Engels', in: Zeitschrift für Geschichtswissenschaft, Berlin (DDR), S. 345-352.

Goebel, Klaus/Wichelhaus, Manfred (Hrsg.) (1974): Aufstand der Bürger. Revolution 1849 im westdeutschen Industriezentrum, Wuppertal.

Grab, Walter/Friesel, Uwe (1973): Noch ist Deutschland nicht verloren. Eine historisch-politische Analyse unterdrückter Lyrik von der Französischen Revolution bis zur Reichsgründung, München.

Hager, Kurt (1970): Das Werk von Friedrich Engels ist unvergänglich. Rede auf der Festveranstaltung zum 150. Geburtstag von Friedrich Engels. 27. November, Berlin (DDR).

Hanke, Michael/Copelovici, Rosa (1991): Adolph Kolping. Schriften. Kölner Ausgabe, Band 2, Briefe. 2. ergänzte und überarbeitete Ausgabe, Köln.

Harm, Heinrich (1897): Vaterländische Erdkunde, Braunschweig/Leipzig.

Heym, Stefan (1979): Lassalle. Roman, Augsburg (Erstausgabe 1969).

Hirsch, Helmut (Hrsg.) (1970): Friedrich Engels, Profile – Eine Auslese aus seinen Werken und Briefen, Wuppertal.

Huttel, Klaus Peter (1985): Wuppertaler Bilddokumente. Ein Geschichtsbuch zum 19.Jahrhundert in Bild und Text, 2 Bde, Wuppertal.

Keil, Wilhelm (1947): Erlebnisse eines Sozialdemokraten, Stuttgart.

Kliem, Manfred (1977): Engels – Dokumente seines Lebens, Leipzig.

Knieriem, Michael (1979): Über Friedrich Engels – Privates, Öffentliches und Amtliches, Aussagen und Zeugnisse von Zeitgenossen. Nachrichten aus dem Engels-Haus, Band 2, Wuppertal.

Knieriem, Michael (1981): Das Tal der Wupper, Brunnen am Rathausplatz, herausgegeben von Vorwerk & Co. Presse- und Informationsamt, Wuppertal.

Knieriem, Michael (1992): Gelebte Religion und regionale Strukturpolitik der Engels im Barmer »Bruch«, in: Hermann De Buhr/Heinrich Küppers/Volkmer Wittmütz (Hrsg.): Die Bergischen – »ein Volk von zugespitzter Reflektion«. Religion – Schule – Mentalität, Wuppertal.

Knieriem, Michael (2013): Wer vermittelte Engels' Mitarbeit an den »Deutsch-Französischen Jahrbüchern«? Eine notwendige Ergänzung, in: Beiträge zur Marx-Engels-Forschung Berlin 2013/01, S. 138-140.
Knieriem, Michael (Hrsg.) (1991): Die Herkunft des Friedrich Engels. Briefe aus der Verwandtschaft 1791-1847, Schriften aus dem Karl-Marx-Haus, Nr. 42, Trier.
Knieriem, Michael (Hrsg.) (1994): »Wir wollen dem Wupperthale einen Namen machen ...« Eine Dokumentation zur Entstehungsgeschichte des Literaturkränzchens 1838-1844, Nachrichten aus dem Engelshaus, Nr. 10, Neustadt a.d. Aisch.
Köhler [Stadtbaurat] (1926): Deutschlands Städtebau: Barmen, Berlin.
Köllmann, Wolfgang (1960): Sozialgeschichte der Stadt Barmen im 19. Jahrhundert, Tübingen.
Koerner, Bernhard (Hrsg.) (1913): Bergisches Geschlechterbuch. Erster Band, bearbeitet in Gemeinschaft mit Cand. Jur. Edmund Strutz, zugleich 24. Band des Deutschen Geschlechterbuchs, Görlitz.
Langewiesche, Wilhelm (Hrsg.) (1863): Elberfeld und Barmen. Beschreibung und Geschichte dieser Doppelstadt: des Wupperthals, nebst besonderer Darstellung ihrer Industrie, einem Überblick der Bergischen Landesgeschichte, Barmen.
Meyer-Kahrweg, Ruth (1991): Denkmäler, Brunnen und Plastiken in Wuppertal, Wuppertal.
Oelßner, Fred (1951): Die Wirtschaftskrisen. Erster Band: Die Krisen im vormonopolistischen Kapitalismus, Berlin (DDR).
Püttmann, Hermann (1846): Rheinische Jahrbücher zur gesellschaftlichen Reform, Köln.
Schell, Otto (1910): Das alte Elberfeld, in: Born, Heinrich (Hrsg.), Die Stadt Elberfeld, Festschrift zur Dreijahrhundert-Feier 1910, Elberfeld.
Tauber, Henry (1990): Linke, Sklaven und Zensoren. Anmerkungen zur Rezeption des Wuppertaler Engels-Denkmals von Alfred Hrdlicka, in: Dietz, Burkard (Hrsg.), Neues Bergisches Jahrbuch, Das Bergische Land in Geschichte und Gegenwart, 3. Band, Wuppertal, S. 123-157.
Weber, Hermann (1991): Das Prinzip Links. Beiträge zur Diskussion des demokratischen Sozialismus in Deutschland 1848-1990. Eine Dokumentation, Berlin.
Weerth, Georg (1963): Humoristische Skizzen aus dem deutschen Handelsleben, in: Weerths Werke in zwei Bänden, Bd. 2, Weimar
Weerth, Georg (1975): Vergessene Texte. Werkauswahl Bd. I, nach den Handschriften herausgegeben von Jürgen-W. Goette/Jost Hermand/Rolf Schloesser, Köln.
Weerth, Georg (1989): Sämtliche Briefe Bd. 2, herausgegeben von Jürgen-Wolfgang Goette, Frankfurt a.M./New York.

Zeitungen

Mitteilungen der Militärregierung 1946
Freie Presse 1895, 1896, 1898
Barmer Zeitung 1884
Elberfelder Kreisblatt 1846, 1850
Vorwärts 23.4.1981

Zum Weiterlesen

Altvater, Elmar (2015): Engels neu entdecken. Das hellblaue Bändchen zur Einführung in die »Dialektik der Natur« und die Kritik von Akkumulation und Wachstum, Hamburg.

Fülberth, Georg (2018): Friedrich Engels, Köln.

Gemkow, Heinrich (1994): Familie und Heimat in Friedrich Engels' Schriften und Briefen, in: Geschichte im Wuppertal – 3. Jahrgang, Herausgeber: Bergischer Geschichtsverein, Abteilung Wuppertal e.V. – Historisches Zentrum – Stadtarchiv – Stadtbibliothek, Uwe Eckardt, Michael Knieriem, Volkmar Wittmütz, Neustadt an der Aisch, S. 107-115.

Heidermann, Horst (2003): Johann Richard Seel. Maler im Wuppertal und Zeichner des deutschen Michel, Beiträge zur Geschichte und Heimatkunde des Wuppertals, Bd. 40, Essen.

Herres, Jürgen (2018): Marx und Engels – Porträt einer intellektuellen Freundschaft, Ditzingen.

Hirsch, Helmut (1977): Friedrich Engels und seine Heimat, in: Freiheitsliebende Rheinländer, Neue Beiträge zur deutschen Sozialgeschichte, Düsseldorf/Wien.

Hunt, Tristram (2009): Friedrich Engels – Der Mann, der den Marxismus erfand, Berlin.

Knieriem, Michael (1995): Friedrich Engels – Vater und Sohn, eine biographische Skizze, in: Zeitschrift des Bergischen Geschichtsvereins, Band 96, Neustadt a.d. Aisch, S. 79-112.

FADEN FADEN FADEN
BEN FARBEN FARBEN
WASSER WASSER WA
AMPF DAMPF DAMPF
13 VIERTEL
13 ROUTEN
13 THEMEN
DAS INDUSTRIE-ZEITALTER
IM WUPPERTAL
INFOS IM ANKERPUNKT:
HISTORISCHES ZENTRUM
WUPPERTAL
MUSEUM FÜR
FRÜHINDUSTRIALISIERUNG
ENGELSSTR. 10
42283 WUPPERTAL
TEL.: 0202 | 563 6866
WWW.BGv-WUPPERTAL.DE
13 BESCHILDERTE ROUTEN ZUR INDUSTRIE- UND SOZIALGESCHICHTE DES WUPPERTALS
GESCHICHTSWERKSTATT
WUPPERTAL
Ein Projekt des
BERGISCHEN GESCHICHTSVEREINS
ABT. WUPPERTAL
Gefördert durch:
STADT WUPPERTAL
NRW-STIFTUNG
NATUR · HEIMAT · KULTUR

Route 8: Elberfelder Nordstadt

»Mit uns zieht die neue Zeit ...«

Alltag und Politik im Arbeiterviertel

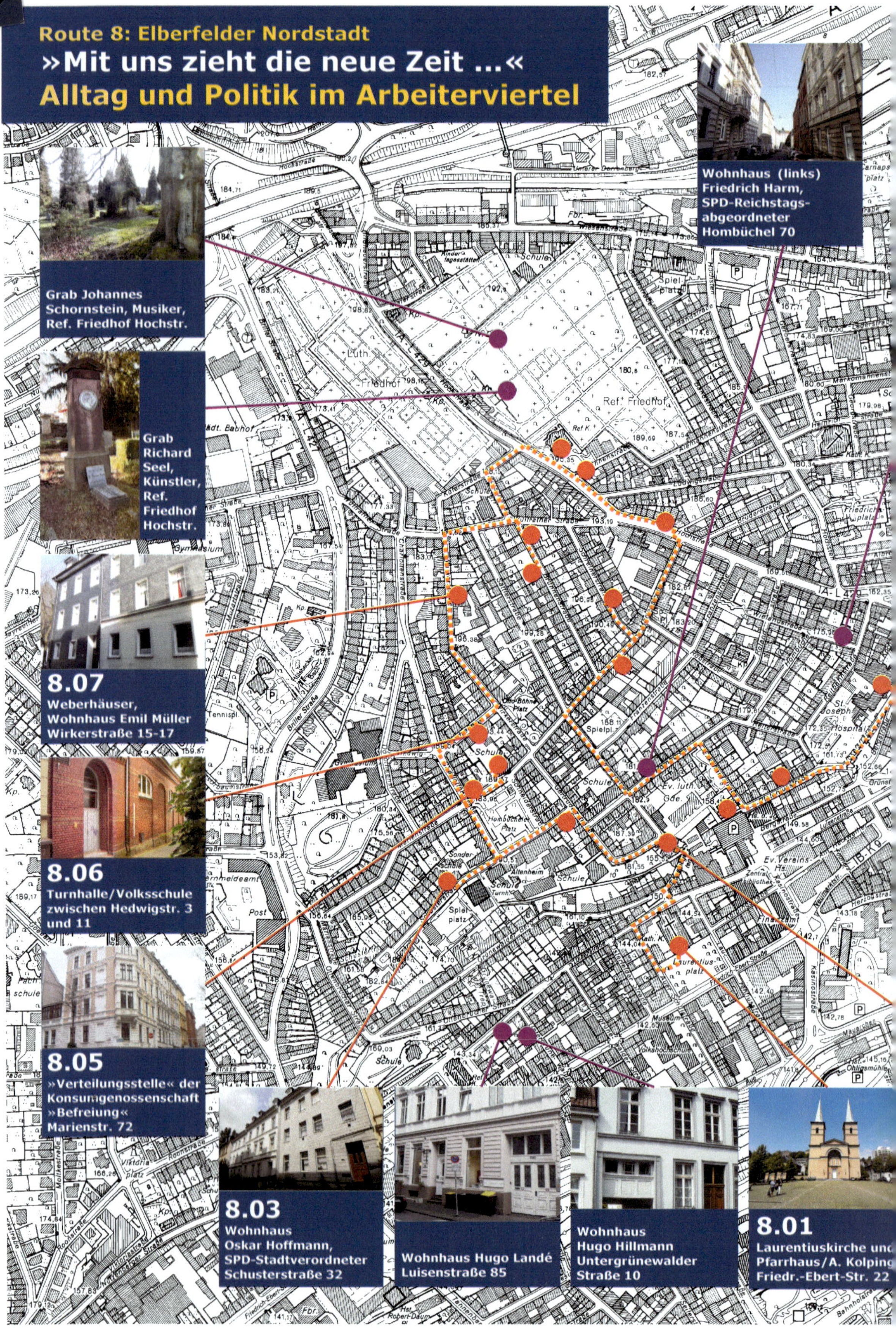

Grab Johannes Schornstein, Musiker, Ref. Friedhof Hochstr.

Grab Richard Seel, Künstler, Ref. Friedhof Hochstr.

Wohnhaus (links) Friedrich Harm, SPD-Reichstags-abgeordneter Hombüchel 70

8.07
Weberhäuser, Wohnhaus Emil Müller Wirkerstraße 15-17

8.06
Turnhalle/Volksschule zwischen Hedwigstr. 3 und 11

8.05
»Verteilungsstelle« der Konsumgenossenschaft »Befreiung« Marienstr. 72

8.03
Wohnhaus Oskar Hoffmann, SPD-Stadtverordneter Schusterstraße 32

Wohnhaus Hugo Landé Luisenstraße 85

Wohnhaus Hugo Hillmann Untergrünewalder Straße 10

8.01
Laurentiuskirche und Pfarrhaus/A. Kolping Friedr.-Ebert-Str. 22